《山东省建设工程抗震设防条例》释义

《〈山东省建设工程抗震设防条例〉释义》编写组　编著

山东大学出版社

图书在版编目(CIP)数据

《山东省建设工程抗震设防条例》释义 /《〈山东省建设工程抗震设防条例〉释义》编写组编著. —济南：山东大学出版社，2019.8

ISBN 978-7-5607-6417-7

Ⅰ.①山… Ⅱ.①山… Ⅲ.①建筑工程—防震设计—条件—注释—山东 Ⅳ.①D927.520.229.75

中国版本图书馆 CIP 数据核字(2019)第 200684 号

责任编辑：王文珺
封面设计：张　荔

出版发行：山东大学出版社
社　　址　山东省济南市山大南路 20 号
邮　　编　250100
电　　话　市场部(0531)88363008
经　　销：新华书店
印　　刷：济南景升印业有限公司
规　　格：850 毫米×1168 毫米　1/32
7.75 印张　183 千字
版　　次：2019 年 12 月第 1 版
印　　次：2019 年 12 月第 1 次印刷
定　　价：38.00 元

《山东省建设工程抗震设防条例》释义

编委会

序

加强建设工程抗震设防管理，提高建设工程抗震性能，是落实习近平总书记防灾减灾救灾重要论述和以人民为中心发展思想的重要举措，对于减轻地震灾害损失，保护人民群众生命和财产安全具有十分重要的意义。随着经济社会的快速发展，我省建设工程的抗震设防能力和水平较以往有了大幅提高，但也存在着城市老旧建筑抗震性能差、农村自建房屋普遍不设防等问题。在抗震设防管理方面，我省的建设工程抗震加固改造尚未形成有效的监管机制，社会抗震设防的合力还未形成。为强化建设工程抗震设防监督管理和服务，进一步提升我省建设工程抗震设防水平，迫切需要制定一部地方法规。

《山东省建设工程抗震设防条例》（以下简称《条例》）已于2017年9月30日经山东省第十二届人民代表大会常务委员会第三十二次会议通过，并于12月1日施行。《条例》依据有关法律、法规，对抗震设防要求、抗震规划与选址、抗震设计与施工、既有建设工程抗震设防等内容作了明确规范，进一步健全完善了建设工程抗震设防工作管理体制，衔接了新版区划图的相关要求并明确了全省建设工程应按照不低于七度进行抗震设防，完善了建设工程的抗震设计专项论证和抗震设防专项审查制度，加强了对限额以下乡村建设工程的抗震设防管理和服务，强化了既有建设工程抗震性能鉴定与加固工作，并规定了相应的法律责任。《条例》的出台有力地落实了习近平总书记防灾减灾救灾的重要论述，对于进一步提升我省建设工程抗震设防水平，保障人民生命和财产安全具有重要意义。

《条例》的实施，标志着我省建设工程抗震设防工作进入了法制化、规范化的新阶段，使建设工程抗震设防监督管理和服务的各个环节都有法可依。各地要抓住有利时机，做好《条例》学习，熟悉并准确理解《条例》的相关规定，做到知法、懂法、用法，切实履行部门法定职责。同时，要利用多种形式开展普法宣传，加强社会动员，使群众熟悉《条例》的主要规定，了解相关惠民政策，提高人民群众的抗震防灾意识，形成全民参与的良好氛围。

为方便大家准确理解《条例》、正确应用《条例》，省人大常委会法制工作委员会、省司法厅、省地震局、省住房城乡建设厅组织编写了《山东省建设工程抗震设防条例释义》（以下简称《释义》），以相关法律、法规为依据，针对建设工程抗震设防工作中的实际问题，对《条例》逐条进行了详细解释。《释义》不仅是各级地震、住房城乡建设等主管部门开展建设工程抗震设防监督管理和服务的工具书，也是建设单位和勘察、设计、施工、监理、施工图审查、工程检测、抗震性能鉴定等单位学习《条例》的实用读本。各级地震、住房城乡建设等主管部门要组织干部职工认真学习《条例》内容，切实提高依法开展建设工程抗震设防监督管理和服务工作的能力和水平。

深入贯彻落实《条例》任务艰巨，意义深远。相信在大家的共同努力下，《条例》一定会得到全面的贯彻和执行，发挥其应有的作用。

2019 年 3 月

目　录

第一部分　释　义

第一章　总　则 …………………………………………………… (3)
第二章　抗震设防要求 ………………………………………… (31)
第三章　抗震规划与选址 ……………………………………… (54)
第四章　抗震设计与施工 ……………………………………… (71)
第五章　既有建设工程抗震设防 …………………………… (104)
第六章　法律责任 …………………………………………… (122)
第七章　附　则 ……………………………………………… (129)

第二部分　附　录

中华人民共和国防震减灾法 ………………………………… (133)
中华人民共和国城乡规划法 ………………………………… (155)
地震安全性评价管理条例 …………………………………… (172)
建设工程勘察设计管理条例 ………………………………… (178)
建设工程质量管理条例 ……………………………………… (186)
刑法有关条款 ………………………………………………… (202)

建设工程抗震设防要求管理规定 …………………………………………… (203)
房屋建筑工程抗震设防管理规定 ………………………………………… (207)
市政公用设施抗灾设防管理规定 ………………………………………… (213)
城市抗震防灾规划管理规定 ……………………………………………… (222)
超限高层建筑工程抗震设防管理规定 …………………………………… (227)
山东省人民政府关于提请审议《山东省建设工程抗震设防条例(草案)》的议案 …………………………………… (231)
关于《山东省建设工程抗震设防条例(草案)》的说明 ……… (232)

后　记 …………………………………………………………………… (236)

第一部分　释　义

第一章　总　则

《山东省建设工程抗震设防条例》(以下简称《条例》)是山东省第一部专门规范建设工程抗震设防管理和服务的地方性法规,对建设工程抗震设防的各个环节做出了明确的规定。本条例贯彻了以人民为中心的理念,对于进一步规范强化山东省建设工程抗震设防活动,保障建设工程抗震性能,保护人民群众生命和财产安全具有十分重要的意义。

总则是一部法律、法规的骨干和灵魂,起着统领全篇的作用。本章共八条,主要包括《条例》的立法目的和适用范围,抗震设防工作应当遵循的基本原则,抗震设防管理方面的政府职责、部门分工以及将建设工程抗震设防纳入国民经济和社会发展规划,有关经费列入本级财政预算,加强抗震设防宣传教育,鼓励开展建设工程地震灾害保险及鼓励、支持建设工程抗震设防科技进步等方面的规定。这些内容体现了法律、法规的立法精神,对正确把握法律、法规的内容,理解法律、法规的本意起着关键作用。

第一条　为了加强建设工程抗震设防管理,提高建设工程抗震性能,减轻地震灾害损失,保护人民生命和财产安全,根据《中华人民共和国防震减灾法》《建设工程质量管理条例》等法律、行政法规,结合本省实际,制定本条例。

【释义】 本条是关于《条例》立法目的和立法依据的规定。

一、建设工程抗震设防活动的目的和宗旨是加强建设工程抗震设防管理，提高建设工程抗震性能，减轻地震灾害损失，保护人民生命和财产安全。

建设工程抗震设防活动事关人民生命财产安全和经济社会安全发展。2016 年 7 月 28 日，习近平总书记在视察唐山时强调，要进一步增强忧患意识、责任意识，坚持以防为主、防抗救相结合，坚持常态减灾和非常态救灾相统一，努力实现从注重灾后救助向注重灾前预防转变，从应对单一灾种向综合减灾转变，从减少灾害损失向减轻灾害风险转变，提高城市建筑和基础设施抗灾能力，全面提升全社会抵御自然灾害的综合防范能力。2018 年 5 月 12 日，习近平总书记向汶川地震十周年国际研讨会暨第四届大陆地震国际研讨会的致信中强调，要科学认识致灾规律，有效减轻灾害风险，实现人与自然和谐共处。2018 年 10 月 10 日，中央财经委员会召开第三次会议，习近平总书记在会上就自然灾害防治工作发表重要讲话，讲话中他强调，加强自然灾害防治关系国计民生，要建立高效科学的自然灾害防治体系，提高全社会自然灾害防治能力，为保护人民群众生命财产安全和国家安全提供有力保障。习近平总书记的重要论述，是对自然规律、共产党执政规律、人类社会发展规律认识的深化，体现了顺应自然、减轻灾害、为民造福、建设千秋伟业的逻辑递进，统一于中国共产党的执政宗旨和初心使命，全面阐述了新时期防灾减灾救灾的理念、原则、方针和任务，对于提高全社会抵御地震灾害的综合防范能力具有重大而深远的意义。加强建设工程抗震设防管理，提高建设工程抗震性能，是落实习近平总书记以人民为中心发展思想的重要举措，对于减轻地震灾害损失、保护人民群众生命和财产安全具有十分重要的意义。

地震灾害是群灾之首，仅 1990～2010 年，我国平均每年因地震灾害造成的死亡、失踪人数超过 4440 人，占因自然灾害造成的死亡失踪总人数的 52.3%，其造成的损害是灾难性甚至毁灭性的。为贯彻预防为主的防震减灾工作方针，减轻地震灾害带来的人员伤亡和经济损失，在工程建设时，必须考虑工程场地选址及可能遭遇的地震灾害风险的关系。国内外地震灾害的实例表明，地震导致的人员伤亡和财产损失，主要是由于建设工程不能抵御地震而导致严重损坏倒塌，以及由此产生的次生灾害所造成的。因此，确保建设工程抗震性能是有效减轻地震灾害风险的根本途径。

二、《条例》的立法依据是《中华人民共和国防震减灾法》《建设工程质量管理条例》等法律、行政法规。

根据法制统一原则的要求，地方立法应当严格以上位法为依据，以维护社会主义法制的统一。《条例》的主要立法依据是《中华人民共和国防震减灾法》《建设工程质量管理条例》《建设工程勘察设计管理条例》等法律、行政法规，参考了《山东省防震减灾条例》《山东省建设工程勘察设计管理条例》等地方法规。此外，《建设工程抗震设防要求管理规定》《房屋建筑工程抗震设防管理规定》等部门规章对建设工程抗震设防管理工作也提出了具体要求，本条例亦进行了相应的衔接。

三、《条例》的制定出台充分考虑了山东省的实际情况。

（一）《条例》的制定出台是山东省防震减灾工作的迫切需要。

山东省是地震灾害多发省份之一，郯庐断裂带、聊考断裂带两大强震构造带纵贯南北，燕山—渤海断裂带在半岛北部通过，南黄海断裂带沿半岛东南近海海域分布，存在着发生中强度以上地震的地质构造背景。我省地震活动具有分布广、强度大、震源浅和致灾严重的特点。有史料记载以来，山东省及其邻近海域共发生5.0级以上地震 70 余次，其中，1668 年，在郯城发生了我国东部最大强度的地震，达 8.5 级，造成 5 万余人死亡，震中周围 50 多万平方公里范围内的 150 多个州县遭受不同程度的破坏，有感半径 800 多公里。极震区内，城郭、官民庐舍、庙宇等一时尽毁，郯城倒塌如平地。莒州百里无存屋，并伴有大规模的山崩地裂、地陷、涌水喷沙等现象。20 世纪以来，我省发生了 10 次 5 级以上破坏性地震，其中 1937 年菏泽7.0级地震造成人员伤亡 18000 余人，死伤牲畜 6000 余头，房屋倒塌 470000 余间，无家可归者 10 余万人。1983 年菏泽 5.9 级地震造成 46 人死亡、5138 人受伤，共损坏房屋 116 万余间，其中严重破坏的有 30.1 万余间，倒塌 6.1 万余间，震坏各种桥梁 1237 座，涵洞、水闸 194 座，机井 1881 眼，扬水站 60 余处，烟囱 165 座。1995 年苍山 5.2 级地震造成 320 人受伤，共毁坏房屋 83834 间，其中严重破坏的有 484 间，中等破坏 8797 间，倒塌 16 间(危房)，轻微损坏 74537 间。根据 2016 年 6 月实施的新版国家标准《中国地震动参数区划图》，我省抗震设防烈度为 7 度、8 度的地区分别占全省土地面积的 67%、12%，与旧标准相比，高烈度区明显增加。全省约 29%的土地面积和 48%的人口位于全国地震重点监视防御区和省级地震重点监视防御区。

(二)山东省是经济大省和人口大省，为保障经济社会安全发展，保护人民生命财产安全，必须依法加强抗震设防工作。

根据山东省统计局发布的《2017 年山东省国民经济和社会发展统计公报》显示，2017 年，山东省国内生产总值达到 72678.18 亿元，按可比价格计算①，同比增长了 7.4%，首次迈上 7 万亿台阶，总量仅次于广东、江苏；人均国内生产总值达到 72851 元，同比增长 6.5%。据省发改委、省统计局公布的相关统计数据，2018 年

① 可比价格指计算各种总量指标所采用的扣除了价格变动因素的价格，可进行不同时期总量指标的对比。按可比价格计算总量指标有两种方法：一种是直接用产品产量乘以某一年的不变价格；另一种是用价格指数进行缩减。

前三季度，山东省国内生产总值达59607.5亿元，按可比价格计算，同比增长6.5%。2017年末，山东省常住人口达10005.83万人，成为继广东之后我国第二个常住人口过亿的省份。同时，山东省区域城乡发展更趋协调，2013～2017年，城镇化率年均提高1.6个百分点，850万农业转移人口成为城镇居民。经济社会的快速稳定发展，意味着物质财富的大量积累；居住人口的增加和城市化进程的加快，表明在某些地区人口密度大大增加。经济社会的繁荣发展和人民群众的安居乐业，都离不开抗震设防的安全保障。

（三）依法加强抗震设防，是全面提升全省地震灾害防御能力，确保经济社会可持续发展的现实需要。

2016年，国家强制性标准《中国地震动参数区划图》(GB 18306-2015)正式实施。新区划图是确定我国一般建设工程抗震设防要求的强制性国家标准，是各级政府编制社会经济发展规划、国土利用规划、防震减灾规划和环境保护规划等相关规划的重要依据。与修订前的国家标准《中国地震动参数区划图》(GB 18306-2001)相比，在山东省行政区划范围内，全省16个设区的市、107个县（市、区）、796个乡镇的抗震设防参数有所提高，这对做好全省的抗震设防工作提出了新的更高的要求。

与此同时，我省建设工程的抗震设防现状不容乐观。部分城市既有建筑以及交通、通信、水电、消防等基础设施抗震设防不达标或不设防，城乡结合部和广大农村地区的部分房屋处于抗震设防水平低甚至不设防的状态。据估算，全省城镇1980年前建设的房屋占5%，1980～1990年建设的房屋占16%，老旧房屋难以达到现行抗震设防标准。一旦发生破坏性地震，城乡建筑、市政工程和生命线工程设施将会遭受不同程度的破坏，严重影响经济发展和社会稳定，甚至导致人民群众因灾致贫、因灾返贫。2015年，山东省地震局会同山东省住房和城乡建设厅在全省范围内开展了农村自建住房抗震性能基本情况抽样调查。结果显示，全省具备抗震构造措施、抗震性能良好的农村民居建筑数量较低，达不到当地抗震设防要求的农居建筑有近7成，农村民居建筑历史欠账多，地震安全形势非常严峻。农村是我省抗震设防的重点地区，也是难点地区。

（四）《条例》的出台是推进全省建设工程抗震设防管理法制化和规范化，明确政府及其相关部门管理职责的客观要求。

全面依法治国是中国特色社会主义的本质要求和重要保障，地震灾害风险长期存在，抗震设防事关人民生命财产安全，必须纳入法制化轨道规范管理。美国、日本等经济发达国家的抗震设防标准和法制化管理水平比较高，建设工程抗震能力强，其基本经验就是严格依法实施建设工程抗震设防监督管理，确保建设工程的抗震性能，并保证建设工程抗震设防标准与经济社会发展水平同步提高，与经济社会安全发展需求相适应，实现了抗震设防监管的全覆盖、无死角。

建设工程的抗震设防管理包含抗震设防要求确定、抗震设计和施工等多个环节，涉及地震、住房城乡建设、交通运输、水利、电力、铁路、民航、人防等多个行业和部门，需要通过立法，明确政府以及各行业主管部门的管理职责、管理程序和协调机制，形成在政府领导下各有关部门和单位齐抓共管、协调配合的抗震设防工作局面，加强和规范各类建设工程的抗震设防管理和监督，确保新建、扩建、改建建设工程达到抗震设防要求。《条例》的制定出台进一步强化了我省防震减灾法规规章制度建设，为提高建设工程抗震设防管理水平提供了更加充分、更具有针对性和可操作性的法律依据。

第二条 本省行政区域内的建设工程抗震设防及其监督管理和服务，适用本条例。

【释义】 本条是关于《条例》适用范围的规定。

法律、法规、规章的适用范围，就是法律、法规、规章的调整范围或者效力范围，通常包括空间效力范围、对人的效力范围和时间效力范围。

一、空间效力

空间效力范围，即适用的地域范围，也就是法律规范能够在什么地方发生效力。对空间效力范围，几乎所有的法律规范都要进行明确规定，以便遵守执行。《条例》的空间效力是由地方立法的地方性所决定的。地方性是地方立法属性中的重要属性，一般包含三方面的含义：一是在区域位置和资源上的特色；二是体现本地区经济和社会发展的特色；三是体现改革创新的特色。在一般情况下，法律规范的空间效力范围适用于指定机关所在的整个行政区域。在部分特殊情况下，也有适用于制定机关所在行政区域的部分特殊区域的情况。《条例》属于第一种情况，即在山东省整个行政区域具有普遍的约束力。“本省行政区域内”指由山东省人民政府管辖的领土范围，包括领陆、内水、领海和领空。2017 年，《中华人民共和国立法法》修订后，山东省所有设区的市均享有地方立法权，各地制定的地方性法规、政府规章及其他规范性文件均不得与《条例》内容相抵触。

二、对人的效力

对人的效力范围，也就是法律规范可以适用的主体范围，即对哪些主体有效。按照《条例》规定，《条例》适用于在本省行政区域内从事建设工程抗震设防工作及其监督管理和服务的一切单位和个人。具体而言，《条例》对人的效力范围包括以下几个方面的主体：

(一)县级以上人民政府以及县级以上地震、住房城乡建设、水利、电力、交通等部门。

这一类主体是政府及有关部门，在建设工程抗震设防工作中主要承担抗震设防监督管理等工作，属于《条例》的规范对象。

（二）乡镇人民政府、街道办事处，村民委员会、居民委员会。

对这一类主体在建设工程抗震设防工作中进行规范，主要是为了进一步解决基层建设工程抗震设防管理和乡村建设工程抗震设防管理相对薄弱的问题。《条例》除了在总则部分对这些单位的职责做了统领性的规定，在涉及乡村建设工程抗震设防管理的具体条款中也有相应规定。

（三）建设单位和勘察、设计、施工、监理、施工图审查、工程检测、抗震性能鉴定等单位。

这一类主体是建设工程活动的主要参与者。建设单位是建设工程项目的第一主体，对建设项目负有全面责任。建设工程勘察设计活动是以创造性脑力劳动为主的专业性、技术性很强的活动，建设工程勘察设计成果的技术质量水平主要取决于建设工程勘察设计工作者的知识、能力、经验和素质。施工企业是将建设工程项目从施工图设计文件具体实现为真实建筑物的建造者，是建设市场的重要责任主体之一。开展施工图设计文件审查，强化了政府对涉及社会公众利益与安全的工程质量的监管，将风险降到最低，对保证建设工程质量起到良好效果。在《条例》第四章“抗震设计与施工”中，重点对建设单位和勘察、设计、施工、监理、施工图审查、工程检测、抗震性能鉴定等单位的职责做了明确规定。此外，在《条例》的其他章节中也有部分相关规定。

（四）建设工程所有权人或者管理单位。

这一类主体在既有建设工程抗震性能鉴定和加固方面具有相应的义务。《条例》第五章“既有建设工程抗震设防”中的相关条款对此作出了具体规定。

三、时间效力

法律、法规的时间效力是指法律、法规在什么时间生效，什么时间失效，以及法律、法规对既往行为和时间的溯及力问题。《条例》第四十七条专门对《条例》的时间效力作了规定，即“本条例自 2017 年 12 月 1 日起施行”。对该条内容将在第七章“附则”部分再作专门说明。

四、此外需要明确的是，根据此条规定，《条例》首次在建设工程抗震设防立法中引入了“服务”理念，并将管理与服务相统一，这符合深化行政审批制度改革的要求，也体现了建设服务型政府的要求。

服务理念是近年来深化“放管服”改革、建设服务型政府的重要遵循。服务型政府的本质要求，就是坚持一切从人民群众的根本利益和现实需求出发，全心全意为人民群众服务；从构建社会主义和谐社会的要求看，就是要以解决民生问题为根本着眼点和目的，在发展经济的基础上，不断提高人民物质文化生活水平，特别要大力发展社会事业和公共事业，为人民群众提供更多、更好的公共产品和公共服务，不断加强社会管理和建设，切实维护社会公正、社会秩序和社会稳定。全能型政府的职能模式是计划经济的产物，是我国经济体制改革的主要对象。在计划经济条件下，政府通过指令性计划和行政手段进行经济管理和社会管理，是全能型的。政府扮演了生产者、监督者、控制者的角色，为社会和民众提供公共服务的职能和角色被淡化。社会主义市场经济的完善，要求政府把微观主体的经济活动交给市场调节。政府由原来对微观主体的指令性管理转换到为市场主体服务上来，转换到为企业生产经营创造良好发展环境上来。深化行政审批制度改革，是建设服务型政府的基础工作。逐步降低政府行政成本，是建设服务型政府的前提。在对农村居民个人自建住宅的抗震设防管理中，政府不能一直扮演管理者的角色，不能全部以强制手段实现行政管理的目的。根据目前我国农村居民个人自建住宅的现状，在抗震设防管理中只有将管理和服务相结合，将提醒和诫勉相结合，才能达到预期目的。

第三条 本条例所称抗震设防，是指根据抗震设防要求和抗震设防技术标准，对建设工程进行抗震设计、施工等提高建设工程抗震性能的活动。

本条例所称抗震设防要求，是指建设工程抗御地震破坏的准则和在一定风险水准下抗震设计采用的地震烈度或者地震动参数。

【释义】 本条是关于“抗震设防”和“抗震设防要求”内涵与定义的规定。

一、一部法律法规的定义条款有多种设置法则

2009年，全国人大常委会法制委员会发布了《立法技术规范（试行）（一）》，对定义条款的设置原则作出了具体规定：“贯穿法律始终的基本概念，在总则中或者法律第一条立法目的之后规定。如果规定适用范围的，定义条款在适用范围之后规定。”本条例关于“抗震设防”和“抗震设防要求”的概念贯穿始终，因此采取了在总则部分放置定义条款的做法。同时，关于“抗震设防要求”和“抗震设防”的内涵，非相关领域专业人员并不十分明确，因此，为了更好地保障法律的正确实施，使普通大众能够了解相关用语的含义，在总则部分先描述这两者的含义，有利于正确理解法律条文的内涵。

二、本条第一款是“抗震设防”的定义

抗震设防是一项综合性活动，根本目的是提高建设工程的抗震性能，是为了减轻地震灾害损失对建设工程所采取的各种措施。从字面对“抗震设防”进行理解，核心是“设防”，也就是主动防御地震灾害风险，通过科学合理地确定建设工程抗震设防要求，制定和执行

抗震设防技术标准，并通过抗震设计、施工等环节保证建设工程达到相应的抗震性能。“设防”是针对地震灾害风险主动采取的防御措施，体现了人类对自然界认识的不断加深，是人类通过有意识的改造活动适应自然、提升生存能力和自我保护能力的具体体现。

三、抗震设防技术标准是以抗震设防要求为基础和依据，房屋建筑和市政工程、交通运输、水利、电力、通信、铁路、民航等建设工程进行抗震设防时所统一执行的技术标准、规范和规程等。

例如，《建筑抗震设计规范》《建筑工程抗震设防分类标准》《核电抗震设计规范》《水工建筑抗震设计规范》《公路工程抗震设计规范》《电力设施抗震设计规范》《城市桥梁抗震设计规范》《地下铁道建筑结构抗震设计规范》《建筑抗震加固技术规程》等。

四、抗震设计指按照结构基本受力概念，依据相关法律法规、技术标准等，综合考虑工程性质、抗震设防烈度、场地情况、结构形式等因素，采用合理的计算参数和分析模型对结构进行抗震性能分析，并对结构构件采取合理有效的抗震措施，形成设计说明书及施工图等相关文件。

五、抗震施工：依据相关法律法规、技术标准等，按照抗震设计施工图纸，采用可靠的施工技术方法，建造出能够抵御一定水平地震作用的建设工程的过程。

六、抗震设防要求通常指以地震烈度或者地震动参数表述的抗震设防标准。它是在综合考虑地震地质、地震活动性等背景环境、工程破坏的影响以及国家经济承受能力等因素的基础上，既依据科学技术分析，又经过一定决策考虑而确定的。它与实际遭受到的超过抗震设防要求的破坏影响强弱程度，不是一个等同的概念。对定义本身进行剖析，建设工程抗御地震破坏的准则与建设工程的类型及其功能相关，而一定风险水准则与建设工程的重要性、可能产生的灾害程度以及相应的政策性决策因素有关。对于不同类型、不同重要性的建设工程，在明确了各自的抗御地震破坏的准则及其抗震设防承担的风险（概率）水准之后，即可通过地震危险性概率分析，从技术层面求得抗震设计所需的地震烈度和地震动参数。

为适应经济建设需要，我国早在 1953 年的第一个五年计划期间就开展了重大建设工程抗震设防工作。1953 年，隶属于中国科学院的地震工作委员会为苏联援建的 156 项国家重点建设工程、2719 个具体建设项目、95 条铁路建设项目确定了地震基本烈度，作为抗震设防依据，还对大批重大建设工程的地震烈度进行了审核批准，组织开展了特殊重大建设项目现场地震地质考察和大城市、基本建设场地的地震烈度小区域划分，为国家计委审核重大工程地震烈度、确定抗震设防要求提供了咨询。1962 年，新丰江水库地震后，委员会开展了现场地震活动性考察，对新丰江水库大坝抗震设防参数进行了复核，并提出了水库大坝抗震加固措施，使加固后的大坝经受住了 6.1 级地震的考验。这些抗震设防活动开启了地震科技为经济建设服务的篇章，也为我国地震事业的发展奠定了基础。

第四条 建设工程抗震设防工作应当坚持以人为本、预防为主、城乡并重、分类监督的原则。

【释义】 本条是关于建设工程抗震设防工作应当遵循的基本原则的规定。

法律原则在法理学上指在一定的法律体系中，作为法律规则的指导思想、基础或本源的综合的、稳定的法律原理和准则。法律原则的重要意义在于，它不仅是一部法律所设定的各项制度的基本原则，也是法律规定具体条款的理论依据和法律精神的具体体现。在具体条款的解释和自由裁量方面具有重要的作用。因此，从某种意义上讲，法律原则的确立确定了一部法律的基调和灵魂。

一、“以人为本”基本原则的确立是习近平新时代中国特色社会主义思想和科学发展观的具体体现。坚持以人为本，把人民的需求放在首位，以人民为中心，这是社会主义的本质要求。只有以人民的利益为根本出发点和落脚点，才能使政策措施和基本法律制度符合人民群众的预期。

地震灾害至今仍是每年致灾人数较多、造成经济损失较为严重的一种自然灾害。我们对 1949 年以来我国大陆地区造成较大人员伤亡和财产损失的 7 级以上地震情况进行了统计（见表 1），可以看出，地震造成的人员伤亡和财产损失与地震类型、地震发生地的人口密度和经济社会发展水平密切相关。随着时间不断推进，经济社会发展水平不断提高，地震所造成的财产损失呈同步提升趋势，地震灾害风险更加突出，地震灾害对经济建设和人民群众生命财产安全的影响日益深刻，地震安全已经成为人民安全需求的重要方面和人民美好生活需要的重要组成部分。抗震设防工作与经济社会发展和人民安全福祉息息相关。据有关资料显示，汶川地震造成的直接经济损失为 8451 亿元。根据国家统计局发布的《2008 年中国国民经济和社会发展统计公报》显示，2008 年，我国 GDP（国内生产总值）为 30.067 万亿元，仅汶川地震造成的直接经济损失（间接经济损失更多）就占当年国内生产总值的近 3 个百分点，比当年贵州、甘肃、海南、宁夏、青海、西藏 6 省（自治区）国内生产总值的总和还多。根据民政部发布的《2008 年民政事业统计报告》，2008 年，我国因灾死亡人数为 88928 人，仅汶川地震就造成 69227 人遇难，占比 77.8%，足见地震灾害对人类社会造成的毁灭性灾难。因此，抗震设防工作确定以人为本原则是建立在对惨痛教训的总结基础上的，是贯彻以人民为中心的思想的具体体现。

表 1　1949 年以来中国大陆地区造成较大灾害损失的 7 级以上地震

序号	发震时间	名称	震级	人员伤亡	经济损失
1	1950 年 8 月 15 日	西藏墨脱地震	8.6	4000 人死亡	牲畜 1.7 万头，佛塔 188 座
2	1966 年 3 月 8～29 日	河北邢台地震	7.2	8182 人死亡，51395 人受伤	破坏房屋 400 余万间，损坏桥梁 86 座
3	1969 年 7 月 18 日	渤海地震	7.4	10 人死亡，353 人受伤	经济损失达 5000 万元以上
4	1970 年 1 月 5 日	云南通海地震	7.7	15621 人死亡，超过 32431 人受伤	倒塌房屋 338456 间
5	1973 年 2 月 6 日	四川炉霍地震	7.6	2175 人死亡，2756 人受伤	倒塌房屋 1.57 万幢
6	1974 年 5 月 11 日	云南大关地震	7.1	1423 人死亡，1600 余人受伤	损坏房屋 6.6 万余间
7	1975 年 2 月 4 日	辽宁海城地震	7.3	2041 人死亡，27538 人受伤	总经济损失约8.1 亿元
8	1976 年 5 月 29 日	云南龙陵地震	7.4	98 人死亡，2552 人受伤	倒塌和损坏房屋 42 万间
9	1976 年 7 月 28 日	河北唐山地震	7.8	24.2 万人死亡，16.4 万人重伤	30 亿元以上
10	1976 年 8 月 16 日	四川松潘—平武地震	7.2	41 人死亡，700 余人受伤	倒塌房屋 500 余间，部分桥梁倒塌
11	1988 年 11 月 6 日	云南澜沧—耿马地震	7.6	743 人死亡，2800 余人受伤	超过 10 亿元
12	1996 年 2 月 3 日	云南丽江地震	7.0	245 人死亡，1.4 万人受伤	直接经济损失 40 亿元
13	2008 年 5 月 12 日	四川汶川地震	8.0	69227 人遇难，374643 人受伤，17923 人失踪	直接经济损失 8451 亿元
14	2010 年 4 月 14 日	青海玉树地震	7.1	2698 人死亡	约 3 亿元

二、"预防为主"是我国长期坚持的防震减灾工作方针。

《中华人民共和国防震减灾法》第三条规定:"防震减灾工作,实行预防为主、防御与救助相结合的方针。"预防为主的思想,首先由周恩来总理于1966年邢台地震后提出并倡导。后来,这一方针几经修订,但预防为主的核心思想始终未变。直至2016年,习近平总书记在视察唐山时提出"两个坚持""三个转变"的重要论述,进一步明确了今后一个时期我国防灾减灾救灾工作的方向和主要任务,再次强调了做好灾前预防、减轻地震灾害风险的重要性。最大限度防范和减轻地震灾害风险,已经成为建设新时代富强民主文明和谐美丽社会主义强国的必然要求。

预防为主的思想是根据我国当前地震预测预报水平提出的有效减轻地震灾害损失的重要思想。地震预测预报在世界上仍然是一个尚未攻破的科技难题,究其原因,主要是研究对象特殊、观测方法间接、难以试验与模拟、研究结果检验困难等。地震是特殊的自然现象,地震灾害的形成与严重程度是人类赖以生存的自然环境变异与经济社会发展共同作用的结果,既有自然因素也有社会因素,具有复杂的双重属性特征。自然属性是地震灾害的根本属性,是伴随地球运动,与地球共存的自然现象。这种现象自人类出现以后即伴随并危害着人类的生存,并不同程度地影响或制约着经济社会的发展。正如习近平总书记指出的,同自然灾害作斗争是人类生存发展的永恒主题。社会属性是地震灾害的另一个基本特征,是自然动力与人类活动相互作用的结果。自然变异施加于人类社会,造成人员伤亡和财产损失,危害人类生存与发展,即为地震灾害。地震灾害的严重程度不仅取决于自身的强度与频次,还取决于受灾对象的条件,包括承载体的易损性、抗灾能力以及承载体所处的自然环境等。

地震活动和地震灾害具有鲜明的与人类共存的、必然的、不可避免的基本特征，决定了地震灾害与人类活动共存的必然性。地震灾害的自然属性不以人的意志为转移，也不受社会制度的影响或者制约。地震灾害的社会属性随着人类活动的不断发展和人类对自然改造能力的快速提升，越来越强烈，在很大程度上影响着地震灾害的成灾程度以及地震灾害的时空变化，使地震灾害呈现出更加明显的区域性、阶段性特点。深刻认识地震灾害的双重属性，充分了解和把握地震的自然属性与社会属性的相互关系及其规律，对于深刻理解习近平总书记防灾减灾救灾的新理论、新思想、新战略，深刻把握经济社会全面发展与科学应对地震灾害的辩证关系，提高抗震设防战略定位，坚持预防为主的思想具有十分重要的意义。

三、“城乡并重”原则是基于我国城市和农村地区抗震设防现状提出的。

长期以来，特别是《中华人民共和国防震减灾法》颁布实施以来，我国城市地区的建设工程抗震设防管理被依法纳入基本建设管理程序，绝大多数建设工程尤其是重大建设工程能够按照相关法律法规和技术标准进行抗震设防，建设工程抗震性能普遍提高。但是广大农村地区建筑尤其是农村民居建筑基本不设防、基本不设计、基本不抗震的情况仍然广泛存在，这种现象在我省这样一个农业大省更为突出和普遍。2015 年，山东省组织开展了农村住房抗震性能基本情况抽样调查，在对 17 个设区的市、68 个县（市、区）、70 个村、16293 户的调查统计数据进行了分析，认为一旦遭遇破坏性地震，容易造成严重人员伤亡和财产损失。近年来，发生在汶川、玉树、芦山、鲁甸等地的破坏性地震充分显示，农村地区建筑因为不设防或者抗震设防不到位所造成的人员伤亡和财产损失远远超过城镇。

山东省政府高度重视农村地区抗震设防工作，2016 年以来，先后出台了《山东省农村住房抗震设防要求管理办法》和《山东省乡村建设工程质量安全管理办法》,这两部规章都对农村地区的抗震设防活动进行了规范。《条例》将“城乡并重”作为一项基本原则,并有多个条款直接涉及农村建筑的抗震设防问题,既是贯彻国家城乡统筹发展战略的具体举措,也是全面提升城乡建筑抗震设防水平的必然途径,充分显示了省政府及有关部门在农村抗震设防管理方面抓民生、保安全的决心和力度。

四、“分类监督”原则主要是明确各相关部门和行业负责的本领域建设工程抗震设防监督管理工作。

根据《建设工程分类标准》(GB 50359-2010),建设工程按使用功能分为房屋建筑工程、铁路工程、公路工程、水利工程、市政工程、煤炭矿山工程、民航工程、电子与通信工程等31类。从部门职能和行业特殊性的角度看,住房城乡建设部门主要负责房屋建筑和市政工程的抗震设防管理,而交通运输、水利、电力、通信、铁路、民航等行业和部门分别负责各自领域建设工程的抗震设防管理。分类监督原则的确立,明确了各相关部门和行业应按照抗震设防要求依法履行抗震设防管理职责,有利于形成在政府统一领导下的部门分工负责,齐抓共管,相互协调的抗震设防工作局面。

第五条 县级以上人民政府应当加强对建设工程抗震设防工作的领导,将建设工程抗震设防工作纳入国民经济和社会发展规划,有关工作经费列入本级财政预算。

【释义】 本条是关于县级以上人民政府建设工程抗震设防管理职责的规定。

本条对县级以上人民政府的建设工程抗震设防管理职责作出

了规定，主要包括三个方面：

一是加强对建设工程抗震设防工作的领导，这体现了政府及有关部门在建设工程抗震设防管理方面的主导地位。地震安全是公共安全的重要组成部分，是政府社会管理职能的重要方面，政府具有保护公民权利不受侵害的职能，在社会管理方面具有重要的职责。在我国现行的行政管理模式下，政府通过法律手段、行政手段、经济手段实现社会管理职能，具有社会资源、行政资源、财政资源上的优势，在集中力量解决重要问题方面具有相应的能力。各级政府只有依法加强对抗震设防工作的领导，才能保证各项抗震设防措施的全面落实。地震安全事关人民群众的生命财产安全，生命安全是人民群众的最大利益，坚持以人民为中心，保证建设工程抗震性能，是各级政府及有关部门必须承担并认真做好的政治任务。

二是将建设工程抗震设防工作纳入国民经济和社会发展规划，主要是解决抗震设防工作依规划发展的问题。只有把建设工程抗震设防工作纳入国民经济和社会发展规划，才能更好地保证抗震设防能力与经济社会发展水平相协调，与发展需求相适应，真正实现安全发展、全面发展和科学发展。国民经济和社会发展规划是指经济、社会发展的总体纲要，是一段时期内指导一个地区社会、经济、文化建设工作的纲领性文件。将建设工程抗震设防工作纳入国民经济和社会发展规划，对于建设工程抗震设防的持续协调发展具有重要意义，也是政府部门进行市场监管和社会管理的重要依据。必须正确认识抗震设防工作在经济社会发展大局中的地位和作用。抗震设防工作虽然不是中心任务，但是却能够影响中心，不是大局却能够牵动大局。做好抗震设防工作，社会效益难以估量；做不好则可能会使多年经济社会发展成果毁于一旦，甚至会干扰和影响国家长治久安和中华民族伟大复兴的进程。

2016 年 3 月，山东省政府公布了《山东省国民经济和社会发展第十三个五年规划纲要》，系统总结了山东省“十二五”时期的工作，全面阐述了“十三五”时期的发展战略、奋斗目标、重点任务、重要举措。《纲要》从三个方面对防震减灾工作作出了部署并指明了发展方向。第一是加强建筑结构管控，增强建筑物抗震性能，鼓励利用钢铁价格低、供应充足的时机，制定相关政策，引导建筑企业利用钢结构建设各类建筑。第二是确定地震、气象等 7 大领域为技术攻关重点，优先发展拥有自主知识产权、具有广阔前景、符合国防科技和武器装备要求的先进的适用军民两用的技术。第三是要求切实加强地震等行业领域的安全生产工作，建立隐患排查治理和风险预控体系，提升事前预警、事中救援、事后恢复的应急处置能力和防灾减灾能力。由此可见，《纲要》对建设工程抗震设防工作给予了高度关注，从建筑结构、建筑材料、科技发展、风险管控方面对建设工程抗震设防工作作出了部署。随着《条例》的出台，建设工程抗震设防工作纳入国民经济和社会发展规划将成为常态。

三是将建设工程抗震设防工作的有关经费纳入财政预算，为抗震设防工作持续发展提供了坚实保障。财政预算也称为公共财政预算，是政府对未来一定时间内的收入和支出的计划，是政府组织和规范财政分配活动的重要工具，也是政府调节经济的重要杠杆。财政预算表达了政府活动的范围和方向，清晰地体现了政府政策的意图和目标。建设工程抗震设防工作的目的是为了保护人民生命和财产安全，预防和减轻地震灾害对经济社会发展造成的负面影响，以法规的形式将建设工程抗震设防工作所需经费纳入财政预算，是确保抗震设防工作顺利进行的重要条件和保障。

第六条 县级以上人民政府地震工作主管部门负责建设工程抗震设防要求的监督管理工作。

县级以上人民政府住房城乡建设主管部门负责房屋建筑和市政工程抗震设防的监督管理工作;经济和信息化、交通运输、水利、电力、通信、铁路、民航等行业主管部门和单位按照职责分工,负责相关专业建设工程抗震设防的监督管理工作。

乡镇人民政府、街道办事处按照规定负责本辖区农村居民个人自建住宅等建设工程抗震设防的管理和服务工作;村民委员会、居民委员会应当协助做好乡村建设工程抗震设防的相关工作。

【释义】 本条是关于政府及有关部门和单位在建设工程抗震设防职责分工方面的规定。

从行政法学的角度来讲,行政管辖的明确划分,对于提高行政机关效率、优化政府内部结构、实现效益最大化具有重要意义。从行政程序法的角度来讲,行政管辖权是行政主体在行政程序法上的一项程序权力,它是行政主体之间就某一行政事务的首次处置所作的权限划分。本条规定主要涉及地域管辖,涉及同级行政主体之间首次处理行政事务的分工和权限,明确了在建设工程抗震设防管理方面各部门、单位的职责,使建设工程抗震设防管理工作的分工更为明晰,对于各相关行政主体更好地实施社会管理、提高管理效率,具有重要意义。防震减灾工作是一项复杂的社会系统工程,涉及诸多职能部门和社会生活的方方面面,是一个多元主体。地震部门虽然是防震减灾的主管部门,但也无法替代其他部门承担的防震减灾工作。在各级政府统一领导下,各有关部门按照法定职责和分工,各负其责,密切配合,共同做好防震减灾工作,是我国防震减灾工作管理体制的总原则。

一、本条第一款明确了县级以上人民政府地震工作主管部门对建设工程抗震设防要求的监督管理职责。

各级地震行政主管部门是管理建设工程抗震设防要求的工作的行政主体，具有科学确定、依法管理建设工程抗震设防要求的工作的法定职责。《中华人民共和国防震减灾法》第三十四条第二款规定：“国务院地震工作主管部门和省、自治区、直辖市人民政府负责管理地震工作的部门或者机构，负责审定建设工程的地震安全性评价报告，确定抗震设防要求。”《山东省防震减灾条例》第三十一条第一款规定：“县级以上人民政府地震工作主管部门负责建设工程抗震设防要求的监督管理工作。”本条例关于建设工程抗震设防要求的管理职责的规定，保持了与上位法的一致性，对地震部门监督管理建设工程抗震设防要求的职责进行了重申。

二、本条第二款是关于其他政府部门在各自职责范围内履行建设工程抗震设防管理职责的规定。

在建设工程中，数量最多的为房屋建筑和市政工程，这部分建设工程的抗震设防管理工作由住房城乡建设部门具体负责。2016年，省政府根据《山东省人民政府职能转变和机构改革方案》，印发了修订后的《山东省住房和城乡建设厅主要职责内设机构和人员编制规定》，在其内设机构职责中规定了“负责全省房屋建筑和市政工程抗震设防监督管理工作，组织编制城乡建设防灾减灾规划并监督实施”的职责。建设工程抗震设防监督管理工作的顺利进行，既需要主管部门的监督管理，也需要相关部门和单位的大力协作，如经济和信息化、交通运输、水利、电力、通信、铁路、民航等部门和单位，它们对工业、交通、水利、电力、铁路等各类建设工程的抗震设防活动负有相应的监督管理职责。

三、本条第三款是关于乡镇人民政府、街道办事处履行相应建设工程抗震设防管理和服务职责的规定。

（一）根据《中华人民共和国地方各级人民代表大会和地方各级人民政府组织法》规定，乡镇人民政府是我国的基层机关，具有独立的行政管理与决策权。街道办事处是市辖区、不设区的市的人民政府的派出机关，不是一级政府组织，但在行政级别、承载职能上与乡镇人民政府基本相同。《中华人民共和国村民委员会组织法》第二条规定："村民委员会是村民自我管理、自我教育、自我服务的基层群众性自治组织，实行民主选举、民主决策、民主管理、民主监督。"《中华人民共和国城市居民委员会组织法》第二条规定："居民委员会是居民自我管理、自我教育、自我服务的基层群众性自治组织。"依据上述规定，村民委员会、居民委员会都是基层群众性自治组织，并非国家行政机关。

（二）山东省政府 2016 年印发了《山东省人民政府办公厅关于加强乡村安全生产、建设工程质量安全、环境保护、道路交通安全监管工作的通知》（鲁政办发〔2016〕6 号），确定整合乡镇（街道）有关职能和人员编制，设立乡村规划建设监督管理办公室，主任由乡镇（街道）分管领导兼任；另配备 1 名副科级的副主任，核定编制一般不少于 5 人，其主要职责是根据省政府授权，负责限额以下建设工程的质量安全监管工作，协助上级有关部门做好限额以上建设工程的质量安全监管工作，负责乡镇规划建设管理、村庄（社区）规划建设管理、棚户区和危房改造、生活污水和垃圾处理设施建设、人居环境改善、环卫一体化等方面工作。乡村规划建设监督管理机构的设立，是我省历史上第一次将建设工程监督管理体制延续到了农村，为加强农村建筑抗震性能，更好地保护农民群众生命财产安全提供了体制机制保障，对于统筹城乡防震减灾工作具有十分重要的现实意义和非常深远的战略意义。

（三）结合社会主义新农村建设，为尽快改变农民群众的居住环境，指导农民群众建造安全家园，2016 年，山东省政府在全国率先出台了《山东省农村住房抗震设防要求管理办法》和《山东省乡村建设工程质量安全管理办法》两部政府规章，对加强农村建设工程抗震设防服务作出了规定。例如，《山东省农村住房抗震设防要求管理办法》第五条明确了乡镇人民政府、街道办事处应当“配备乡镇防震减灾助理员，负责监督管理和服务工作”。《山东省乡村建设工程质量安全管理办法》规定在乡镇（街道）设置乡村规划建设监督管理机构，负责本行政区域内限额以下工程质量和安全的监督管理及服务工作，加强农村房屋抗震设防的服务和指导，在开工前与农村住房的建设单位或者个人签订工程服务协议，明确权利义务。另外，“乡村规划建设监督管理机构应当按照协议，为建设单位或者个人提供通用设计图集，指导建设单位或者个人选用合适的设计图纸及其配套基础形式”。

第七条　各级人民政府和地震、住房城乡建设等部门应当采取多种形式，组织开展经常性的建设工程抗震知识宣传教育，提高公民的防震、抗震意识和能力。

鼓励和引导公民、法人和其他组织参加建设工程地震灾害保险，增强抵御地震灾害风险的能力。

【释义】　本条是关于建设工程抗震知识宣传教育和鼓励参加地震灾害保险制度的规定。

一、本条第一款是关于政府以及地震、住房城乡建设等部门在建设工程抗震知识宣传教育方面职责的规定。

开展建设工程抗震知识宣传教育，让公民了解掌握建设工程抗震设防的知识，提高公民的防震、抗震意识和能力，是地震灾害预防中非工程性防御的重要措施。同时，开展建设工程抗震知识宣传教育，也为建设工程抗震设防工作奠定群众基础和社会基础，能够有效推动建设工程抗震设防工作的开展。

从维护公共安全的高度看，公共安全问题日益受到社会关注，防震减灾是国家公共安全的重要组成部分，与人民生命安全息息相关。从社会主义文化建设的高度看，建设工程抗震知识宣传教育是安全文化、预防文化建设的重要组成部分，也是社会文明程度的重要标志。开展建设工程抗震知识宣传教育是实施抗震设防相关法律法规、推动实现政府职能、依法规范全社会防震减灾活动、维护公共安全、促进社会和谐稳定的有效途径。从经济社会发展形势看，随着经济社会的不断发展和城市化进程的不断推进，重大工程特别是生命线工程、新型建(构)筑物和人口密集区不断出现，潜在的地震灾害风险和威胁更加突出，把建设工程抗震知识宣传教育放到经济建设大局中去思考和谋划，促进防震减灾与经济建设协调发展，是保护发展成果、维护发展局面的必然要求。从人民群众的现实需求看，随着城市化进程不断加快，社会财富不断积累，人民生活水平不断提高，广大人民群众对生命价值有了更新的认识，对安全稳定的生存生活环境有了更高的要求，对建设工程抗震知识和技能有了更强烈的需求，加大建设工程抗震知识宣传力度，丰富宣传教育内容，也是各级党政机关加强和创新社会管理，实践以人为本科学发展观，直接服务人民群众，保障人民安居乐业的重要举措。从国外的成熟经验看，建设工程抗震知识宣传教育对于有效减轻因地震损毁建筑物造成的人员伤亡具有明显效果。以日本为例，日本是地震多发国家，从政府到社会民众都十分重视建设工程的抗震性能和安全性能，一般的高层建筑必须能够抵御7级左右的强烈地震，做到大震不倒。日本在城市建设规划中十分重视防灾避难，旅社、地铁、商店、影院等公共场所出入口都有用来疏散的“非常口”标记和指示。每年的9月1日是日本的防震救灾演习日，政府会组织各有关部门、单位以及社会民众参加演习，达到使民众熟悉应急救援程序、掌握自救互救技能、完善协调配合机制、增强防震避震意识的目的。日本还坚持通过宣讲、考核、发放“防灾卡”等方式开展对公民的抗震、防震知识宣传教育，使得日本民众在应对地震灾害时能够做到不慌不乱，按照科学的方式有效应对。据专家统计，日本诸多地震灾害中，90％的灾区民众通过自救互救脱险。国内外防震减灾实践充分证明，在不断加强建设工程抗震设防措施的同时，深入开展建设工程抗震知识的宣传教育，不仅能够增强全社会的防震减灾意识，而且有利于营造全社会支持建设工程抗震设防工作的氛围，为抗震设防活动的开展奠定坚实的社会基础。

二、本条第二款是关于鼓励参加建设工程地震灾害保险的具体规定。

《中华人民共和国防震减灾法》第四十五条规定：“国家发展有财政支持的地震灾害保险事业，鼓励单位和个人参加地震灾害保险。”建立巨灾保险制度是党的十八届三中全会和《国务院关于加快发展现代保险服务业的若干意见》的明确要求。保险作为市场经济风险管理的基本手段，能够为我国丰富灾害损失补偿渠道，健全灾害救助体系，提高巨灾保障水平，增强风险管理能力，平滑灾害引起的政府财政波动，是政府运用现代金融手段降低灾害损失影响的有效途径。

2014年，深圳、宁波启动了地方财政支持的巨灾保险试点。2015年4月，45家财产险公司发起并设立“中国城乡居民住宅地震巨灾保险共同体”。2015年8月20日，云南大理白族自治州正式启动首个政策性农房地震保险试点。2016年5月11日，中国保监会、财政部联合印发了《建立城乡居民住宅地震巨灾保险制度实施方案》，从基本思路和实施原则、保障方案、运行模式、实施步骤、保障措施5个方面对我国城乡居民住宅地震巨灾保险制度进行了顶层设计。2016年7月1日，中国城乡居民住宅地震巨灾保险全面销售，标志着我国城乡居民住宅地震巨灾保险制度正式落地。2017年4月6日，中国保监会与中国地震局签署战略合作协议，双方围绕推进防灾减灾救灾体制机制完善、发展现代保险服务业等重大战略部署，以建立我国地震巨灾保险赔偿机制为目标，拟在地震保险法制建设、中国地震风险与保险实验室建设、地震保险防灾减损等方面展开深入合作，推动建立具有中国特色的地震巨灾保险制度。2017年7月1日，上海保交所正式对公众提供地震巨灾保险的在线投保渠道，投保人只要用手机扫描二维码或者点击微信朋友圈文章中的链接，即可方便地购买地震巨灾保险。截至2017年6月22日，地震保险产品承保标的已经达到19.80万个，实现保费收入503.09万元，保险金额188.75亿元。

地震巨灾保险赔付工作已在我国部分省份陆续顺利开展。2015年10月30日，云南省保山市昌宁县发生5.1级地震，11月16日，云南省地震局向诚泰财产保险股份有限公司提交了地震灾害直接经济损失评估结果的报告，诚泰保险公司迅速完成理赔流程和资金调拨，于11月17日将753.76万元理赔款全额转入大理白族自治州民政局指定赔款账户，标志着中国首个农房地震巨灾保险试点模式取得初步成功。2018年9月12日，陕西宁强发生5.3级地震。经中国人保财险四川广元市分公司核定，受灾严重的4户房屋达到赔付标准，核定赔款金额2.5万元，并于11月完成赔付。

目前，我国的地震巨灾保险制度尚处于起步阶段，在具体的实施过程中，存在着民众通过保险分散转移风险的意识不强、巨灾保险机制尚不完善、保险覆盖广度虽然在提升但保障额不足等问题。为加快推动巨灾保险参与巨灾风险管理，政府应当发挥主导作用，同时需要提升企业、个人等主体的保险保障意识和保险机构主动参与的积极性。2016 年 7 月 1 日，人保财险山东省分公司销售的中国城乡居民住宅地震巨灾保险首份保单生效，标志着城乡居民住宅地震巨灾保险在山东正式落地。《条例》明确提出鼓励和引导公民、法人和其他组织参加建设工程地震灾害保险，其主要目的就是增强其抵御地震灾害风险的能力，对于促进巨灾保险制度在山东的发展具有重要意义。

第八条 鼓励和支持建设工程抗震设防科学研究和技术开发，推广应用抗震设防新技术、新工艺和新材料。

【释义】 本条是关于鼓励、支持建设工程抗震设防科研开发和推广应用新技术、新工艺、新材料的规定。

一、鼓励和支持建设工程抗震设防科学研究和技术开发。

人类与地震灾害斗争的历史，几乎贯穿于人类整个的发展历史，在承受失败教训的同时，我们也取得了一些成功经验。如何有效预防地震灾害风险，显著减轻地震灾害损失，一直是困扰我们的科技难题。通过立法，鼓励支持建设工程抗震设防科学技术研究，一是为相关的科研与开发提供必要的经费支持、工作条件和工作环境，有利于产出更多具有推广价值的成果；二是为攻克建设工程抗震设防科技难关，依靠科技创新，进一步提升我国建设工程抗震设防水平，提高抗震设防科学技术服务人民、服务经济社会发展的能力。在近些年发展起来的抗震新技术中，结构控制技术取得引人注目的进展。采用传统建筑材料（砖石、混凝土和钢材）和传统抗震设计方法建造的房屋，由于使用上的要求，结构体系一般较"刚"，自振频率大多在地震动频率含量丰富的频段范围内。另外，传统建筑材料的耗能能力不强，只有在结构出现大变形、发生破损的情况下耗能能力才会提高。因此，必须大幅度改善其抗震能力受到的限制。20 世纪 70 年代提出的结构控制技术为解决上述问题提供了新的途径，具有水平柔性的抗震支座可有效增大结构体系的自振周期，被动吸振器和阻尼器可以提高建筑体系的耗能能力，主动控制、半主动控制和混合控制为改变体系的刚度和阻尼特性、提高结构抗震能力提供了更加灵活和有效的手段。近年来，结构控制研究取得了丰硕的成果，隔震技术已成功应用于数以千计的房屋和桥梁。在日本、美国和我国，少数隔震工程经受了强烈地震的考验、表现出良好的预期性能。我国在云南昆明国际机场建设工程中，建设了世界最大的单体建筑 8 万平方米的整体性减震隔震基础。目前，我国使用减隔震基础的建设工程已经达到 3900 多个，桥梁工程 150 多个，是世界上采用减隔震基础的建设工程最多的国家之一。

二、对推广使用新技术、新材料和新工艺作出规定。

《山东省防震减灾条例》第五十六条规定："县级以上人民政府应当鼓励研究开发和推广使用有利于提高抗震性能的建筑结构体系和新技术、新工艺、新材料。"根据此条规定，有关部门对有利于提高建设工程抗震设防要求、经济实用的抗震新技术、新工艺和新材料和新结构体系应当及时纳入标准、规范，并在各类新建工程的抗震设计和施工、既有建筑的抗震加固中推广使用。

第二章 抗震设防要求

第九条 建设工程应当按照抗震设防要求进行抗震设防。

建设工程抗震设防要求由县级以上人民政府地震工作主管部门确定。

【释义】 本条是关于建设工程应当按照抗震设防要求进行抗震设防的规定和作出建设工程抗震设防要求的主管部门的规定。

一、《中华人民共和国防震减灾法》第三十五条第一款对各类建设工程应该达到的抗震设防要求进行了规定:“新建、扩建、改建建设工程,应当达到抗震设防要求。”建设工程抗震设防工作通常需要通过三个环节来实现:一是确定抗震设防要求,二是制定抗震设计标准(包括地震作用、抗震措施),并依据抗震设计标准进行抗震设计;三是抗震施工。以上三个环节是相辅相成、密不可分、缺一不可的。其中,抗震设防要求是在综合考虑历史地震、地震构造环境、建设工程类型、设防的风险水准、社会经济承受能力和要达到的安全目标等因素的基础上确定的。按照抗震设防要求进行抗震设防是确保建设工程抗震性能的首要环节,也是科学设防、合理设防的基础。

科学合理地确定抗震设防要求是进行抗震设计和抗震施工的前提。建设工程的抗震设防要求按照建设工程的重要程度分别依据全国地震动参数区划图、地震小区划图和地震安全性评价结果确定。一般建设工程的抗震设防要求依据国家地震动参数区划图、地震小区划图等确定。重大建设工程的抗震设防要求需要进行专门的地震安全性评价，对具体建设工程地区或场址周围的地震地质、地球物理、地震活动性、地形变等进行研究，采用地震危险性分析方法，按照工程应采用的风险概率水准，给出相应的工程规划和设计所需要的有关抗震设防要求的地震动参数和基础资料。对重大建设工程和可能发生严重次生灾害的建设工程进行专门的地震安全性评价，主要是因为国家地震动参数区划图是全国范围内表示地震危险程度的图，受研究程度和比例尺限制，只能对较大地区内的地震危险程度进行平均估计，不能反映小范围内由于场地条件因素等引起的地震动参数的变化。实际震害经验和理论研究都表明，地震破坏作用在几百米、几千米范围内时可能出现显著差异，引起这些差异的场地工程地质条件因素在全国地震动参数区划图上不可能被考虑到，因此，全国地震动参数区划图只能作为一般工业与民用建筑的抗震设防依据。而不同工程对场地地震安全性评价工程的深度以及提供的参数要求不同，大城市、重要经济开发区、大型厂矿企业、重要生命线工程（如交通、通信、供电、供水、输油、输气等工程）都比较重要，而且覆盖的区域较大，往往跨越复杂的工程地质或地震地质区域，如果仍然采用国家地震动参数区划图提供的地震动参数来确定这些工程的抗震设防要求，显然不能满足抗震设防的需要。另外，对一些重大工程、特殊工程（如核电站，大桥，大坝，易产生放射性物质污染、剧毒气体扩散和易燃易爆的建筑，有重大政治、经济、社会影响的建筑等）的抗震设计也有严格的要求，需要提供不同概率水准的加速度反应谱、地震动时程曲线等多种地震动参数。因此，必须做详细和深入的场地地震安全性评价工作。

重大建设工程依据地震安全性评价结果确定抗震设防要求，主要是为避免出现三种情况：一是避免确定的抗震设防要求高于建设工程抗震性能需要，这样会大幅度增加工程造价，造成不必要的浪费。二是避免确定的抗震设防要求低于建设工程抗震性能需要，使建设工程不具备相应的抗震性能，难以抵御地震的破坏。三是避免建设工程受地震构造和抗震不利地段的影响。有些建设工程场地坐落于地震活动断层、砂土液化、溶岩塌陷等抗震不利地段，如果不通过开展地震安全性评价查明地下的相关情况，一旦遭遇地震影响，会造成建设工程严重损坏。1985 年 9 月，墨西哥近海海域发生了 8.1 级和 7.6 级地震，震中附近的格雷罗州和米却肯州的震害并不严重，而远离震中达 400 公里的墨西哥城却遭遇了严重损毁。该城的 100 多万栋建筑中，有 5728 栋受到不同程度的破坏，其中有 860 栋完全倒塌或部分倒塌，发生共振的 10 层左右的楼房破坏最为严重。究其原因，与墨西哥城所处的地质环境有直接关系。墨西哥城是在不断扩大填湖面积后形成的，填埋形成的松软地基是造成此次严重地震灾害的元凶。墨西哥城城市表层 30～50 米为冲积层，由砂、淤泥、黏土、腐殖土构成，非常松软，整个城市像建设在大碗果冻上，在大地震长时间的振动中，古老湖床沉积的泥沙发生严重的基底液化，造成建筑物严重毁坏。同时，振动周期约 2 秒的地震波几次往返于松软基底，使地震波有选择地放大，毁坏了与 2 秒周期发生共振的 10 层左右的楼层。墨西哥城建在抗震不利地段、基底液化和地震引起的建筑共振是造成这次地震严重灾害的主要原因，我们应当从中吸取教训。

二、本条规定建设工程抗震设防要求由县级以上人民政府地震工作主管部门确定，明确了建设工程抗震设防要求的管理主体。县级以上人民政府地震工作主管部门是管理进行工程抗震设防要求工作的行政主体，具有依法进行建设工程抗震设防要求工作的法定职责。《中华人民共和国防震减灾法》第三十四条第二款规定："国务院地震工作主管部门和省、自治区、直辖市人民政府负责管理地震工作的部门或者机构，负责审定建设工程的地震安全性评价报告，确定抗震设防要求。"2010 年 12 月 1 日修订实施的《山东省防震减灾条例》第三十一条第一款规定："县级以上人民政府地震工作主管部门负责建设工程抗震设防要求的监督管理工作。"第三款规定："重大建设工程和可能发生严重次生灾害的建设工程的抗震设防要求，由省级以上人民政府地震工作主管部门根据审定的地震安全性评价报告批准确定。"第四款规定："前款规定以外的建设工程的抗震设防要求，在完成地震小区划的城市或者地区，由县级以上人民政府地震工作主管部门按照地震小区划结果确定；在尚未开展地震小区划工作的城市或者地区，由县级以上人民政府地震工作主管部门按照国家颁布的地震动参数区划图确定。"上述法律法规的规定，明确赋予县级以上人民政府地震工作主管部门行使抗震设防要求的管理职能，属于法律授权。

第十条 县级以上人民政府地震工作主管部门应当根据国家地震动参数区划图、地震小区划图、地震安全性评价结果，结合建设工程类型、场地类别和其他因素，按照不低于地震动峰值加速度分区值 0.10 g 确定抗震设防要求。

位于国家地震动参数区划图区划分界线两侧规定范围内和位于地震小区划图区划分界线两侧各二百米区域内的建设工程，其抗震设防要求应当按照就高原则确定。

【释义】 本条是关于建设工程抗震设防要求应当遵循的设防依据、设防原则的规定。

一、地震动参数区划图是根据国家抗震设防需要和当前的科技水平，按照长时期内各地可能遭受的地震危险程度，以加速度表示地震作用强弱程度为指标，将全国划分为不同抗震设防要求区域的图件。

地震动参数区划图展示了各地区间潜在地震危险性的差异。《中华人民共和国防震减灾法》第三十四条第一款规定："国务院地震工作主管部门负责制定全国地震烈度区划图或者地震动参数区划图。"第三十五条第三款规定，重大建设工程和可能发生严重次生灾害的建设工程以外的建设工程，"应当按照地震烈度区划图或者地震动参数区划图所确定的抗震设防要求进行抗震设防"。明确了负责制定地震动参数区划图的部门和地震动参数区划图的使用范围。1957 年以来，我国共开展了 5 次全国地震动参数区划图的编制工作。历次地震动参数区划图编图使用的参数及其含义有所不同。1957 年颁布的第一代地震区划图，标示了全国各地区未来可能遭遇的最大地震烈度值；1977 年颁布的第二代地震动参数区划图，标示了全国各地区未来百年内可能遭遇的地震烈度值；1990 年颁布的第三代地震动参数区划图，标示了 50 年超越概率 10％的地震烈度值；2001 年颁布的第四代地震动参数区划图，标示了 50 年超越概率 10％的地震动参数，包括地震动峰值加速度和地震动反应谱特征周期；2016 年颁布实施的第五代地震动参数区划图，标示了 50 年超越概率 10％的地震动参数，包括地震动峰值加速度和地震动反应谱特征周期，同时在国标条文中规定了不同场地四级地震作用及其具体参数。其中，第四、五代区划图是以强制性国家标准（标准号：GB-18306）的形式颁布实施。我国地震动参数区划图的编制发展过程，反映了我国地震科学技术发展的不同阶段，以及与国际地震区划研究与实践不断接轨的过程；编图方法从简单的“地震重复”，“百年尺度的地震预测”，到有中国特色的“地震危险性概率分析方法”；编图参数由“地震烈度”发展到“地震动参数”；区划图的使用由“参考”、“依据”发展到了“强制性国家标准”。

我国现在施行的《中国地震动参数区划图》(GB 18306-2015)，即第五代区划图，是国家地震安全的重要基础性和强制性国家标准。它用于一般建设工程的抗震设防，为社会经济发展规划、国土利用规划、防震减灾规划和环境保护规划等相关规划的编制提供基本依据。第五代区划图包括地震动峰值加速度区划图和地震动反应谱特征周期区划图、全国城镇Ⅱ类场地基本地震动峰值加速度和基本地震动加速度反应谱特征周期列表、场地地震动峰值加速度调整系数表和场地基本地震动反应谱特征周期调整表，明确规定了标准的适用范围、地震动参数确定方法。五代图适当提高了我国整体抗震设防要求，突出强调了房屋建筑的抗倒塌标准，取消了不设防区域。新增了乡镇地震动参数列表，直接给出县级以下乡镇的地震动参数值，便于城镇和农村地区抗震设防要求的确定和管理，有利于提高广大城镇和农村地区一般建设工程的抗震设防水平，在服务社会经济发展和城乡建设等方面发挥了重要作用。

二、地震小区划图指根据某一区域的具体场地条件，对某一特定区域内的地震安全环境进行划分，预测这一区域内可能遭遇的地震影响分布，包括设计地震动参数分布和地震地质灾害分布。

按照《工程场地地震安全性评价》(GB 17741-2005)的规定，地震小区划工作是地震安全性评价工作的Ⅲ级工作。地震小区划工作中的地震危险性分析同编制国家地震动参数区划图中的地震危险性分析相比较，虽然其原理和方法基本一样，但两者对基础资料的精度要求差异很大。地震安全性评价技术规范中规定，区域地震活动性和区域地震构造图件的比例尺为 1∶100 万；近场地震构造图和震中分布图的比例尺一般为 1:20 万，说明活动构造细节的图件比例尺，一般采用 1∶10 万至 1∶50 万的比例尺。要满足上述大比例尺基础图件的要求，需要进行大量的资料搜集整理以及专门的野外调查研究工作。在这样的基础资料精度前提下，进一步对影响工程场地地震安全性的潜在震源区及地震活动性参数进行认真的复核确定，建立并论证地震动率减关系的适宜性，再进行地震危险性分析，才能得到比全国地震动参数区划图更为合理的场地地震危险性分析结果。随着城镇化进程的加快，城市地震灾害的潜在风险日益严峻，采用平均场地条件下给出的全国地震动参数区划图已经不能完全满足经济发展需要。为此，《山东省防震减灾条例》第三十一条第四款作出规定，重大建设工程和可能发生严重次生灾害的建设工程以外的建设工程的抗震设防要求，“在完成地震小区划的城市或者地区，由县级以上人民政府地震工作主管部门按照地震小区划结果来确定；在尚未开展地震小区划工作的城市或者地区，由县级以上人民政府地震工作主管部门按照国家颁布的地震动参数区划图确定”。《中华人民共和国防震减灾法》第三十七条规定：“国家鼓励城市人民政府组织制定地震小区划图。地震小区划图由国务院地震工作主管部门负责审定。”上述规定明确了城市人民政府是组织制定地震小区划图的责任主体和审定部门。

三、地震安全性评价指在对具体建设工程场地及其周围地区的地震地质条件、地球物理场环境、地震活动规律、现代地形变及应力场等方面进行深入研究的基础上，采用先进的地震危险性概率分析方法，按照工程所需要采用的风险水平，科学给出相应的工程规划或设计所需要的一定概率水准下的地震动参数（加速度、设计反应谱、地震动时程等)和需要的资料。

《中华人民共和国防震减灾法》第三十五条第二款规定:“重大建设工程和可能发生严重次生灾害的建设工程,应当按照国务院有关规定进行地震安全性评价,并按照经审定的地震安全性评价报告所确定的抗震设防要求进行抗震设防。”明确了应当开展地震安全性评价的建设工程范围,并规定依据地震安全性评价报告确定抗震设防要求,进行抗震设防。地震灾害安全性评价工作的内容包括:建设工程场址和场址周围区域的地震活动环境评价、地震地质环境评价、断裂活动性鉴定、地震危险性分析、设计地震动参数确定以及地震地质灾害评价等。目前,地震安全性评价工作执行的标准为《工程场地地震安全性评价》(GB 17741-2005)。该标准根据工程重要程度,将地震安全性评价工作分为四级。Ⅰ级工作包括地震危险性概率分析和确定性分析、能动断层鉴定、场地设计地震动参数确定和地震地质灾害评价,适用于核电厂等重大建设工程项目中的主要工程。Ⅱ级工作包括地震危险性概率分析、场地设计地震动参数确定和地震地质灾害评价,适用于除Ⅰ级以外的重大建设工程项目中的主要工程。Ⅲ级工作包括地震危险性概率分析、区域性地震区划和地震小区划,适用于城镇、大型厂矿企业、经济建设开发区、重要生命线工程等。Ⅳ级工作包括地震危险性概率分析、地震动峰值加速度复核,适用于位于地震动参数区划图分界线附近和地震研究程度较差地区的一般建设工程。

四、建设工程分类,主要是根据建设工程的重要程度和其对社会的影响程度,将建设工程划分为不同类型。

不同类型的建设工程,确定其抗震设防要求的依据也不相同。重大建设工程、可能发生严重次生灾害的建设工程依据地震安全性评价报告确定抗震设防要求;一般建设工程依据地震小区划图或者全国地震动参数区划图确定抗震设防要求;特殊建设工程,如幼儿园、学校、医院、养老院等人员密集场所的建设工程应当按照高于当地房屋建筑的抗震设防要求确定。

五、场地条件指根据建设场地覆盖层厚度和土层等效剪切波速等因素，按有关规定对建设场地所作的分类，用以反映不同场地条件对基岩地震动的综合放大效应。

建设场地的类别划分，主要考虑土层等效剪切波速和场地覆盖层厚度因素，分为四个类别，具体划分方法参照《建筑抗震设计规范》第 4.1.6 条。其中，Ⅰ类场地土为岩石和紧密的碎石土，分为I_0、I_1两个亚类。Ⅱ类场地土为中密、松散的碎石土，密实、中密的砾、粗、中砂以及地基土容许承载力$[\sigma_0]>150$ kPa 的黏性土。Ⅲ类场地土包括松散的砾、粗、中砂，密实、中密的细、粉砂以及地基土容许承载力$[\sigma_0]\leqq150$ kPa 的黏性土和$[\sigma_0]\geqq130$ kPa 的填土。Ⅳ类场地土包括淤泥质土，松散的细、粉砂，新近沉积的黏性土以及地基土容许承载力$[\sigma_0]<130$ kPa 的填土。之所以强调建设工程的场地条件和场地类型，主要是考虑不同场地条件和场地类型对基岩地震动的综合放大效应不一样，影响建设工程场地的稳定性以及发生砂土液化的可能，需采用相应的结构抗震措施。

六、关于“按照不低于地震动峰值加速度分区值 0.10g 确定抗震设防要求”。

地震动峰值加速度分区值 0.10g 相当于抗震设防烈度 7 度，“不低于地震动峰值加速度分区值 0.10g 确定抗震设防要求”，即要求建设工程最低按照 7 度抗震设防。根据现行全国地震动参数区划图，抗震设防烈度 6 度区占我省土地面积的 21%，7 度以上地区占 79%。2016 年，省政府印发了《关于进一步加强房屋建筑和市政工程抗震设防工作的意见》（鲁政办发〔2016〕21 号），明确要求全省房屋建筑和市政工程按照不低于地震烈度 7 度进行抗震设防，提高了占全省土地面积 21%的 6 度区的抗震设防要求。《山东省乡村建设工程质量安全管理办法》(省政府令第 301 号)、《山东省农村住房抗震设防要求管理办法》(省政府令第 304 号)也明确要求,农村居民新建住房应当按照不低于地震烈度 7 度进行抗震设防。2017 年,《山东省政府工作报告》明确提出,新建房屋一律按不低于地震烈度 7 度抗震设防。本条提出“按照不低于地震动峰值加速度分区值 0.10g 确定抗震设防要求”,进一步将提高建设工程抗震设防要求的规定上升到了法规层面,在全国率先提出消除 6 度以下抗震设防地区,进一步表明省委、省政府高度重视地震灾害风险防范和建设工程抗震设防,是认真贯彻落实以人民为中心的发展思想的具体体现,也是我省经济社会全面发展、安全发展的战略举措,对于进一步推动我省建设工程抗震设防水平与经济社会发展需求相适应、与人民群众安全需求相适应,更好地保障人民生命财产安全具有十分重要的意义。

七、全国地震动参数区划图采用 1∶400 万的比例尺,在地震动参数区划图上标示的区划分界线,每一个毫米相当于 4 公里的长度。地震小区划图的工作深度和工作精度要高于全国地震动参数区划图,图件比例尺远大于比全国地震动参数区划图的比例尺。根据工作精度以及建设工程场地范围的实际情况,在地震小区划图区划分界线两侧各 200 米范围内,采用就高原则确定抗震设防要求比较合理,也比较方便执行和实施。按照《山东省地震安全性评价管理办法》第四条的规定,位于地震动参数区划分界线两侧各 4 公里区域内的建设工程,需要开展地震安全性评价工作。根据目前全国地震动参数区划图的编制精神,抗震设防水平正随着经济社会的发展逐步提高。

本条第二款中的“就高原则”,具体指对位于国家地震动参数区划图区划分界线两侧规定范围内和位于地震小区划图区划分界线两侧各 200 米区域内的建设工程的抗震设防要求,选取分界线两侧地震动峰值加速度值较大者确定。

第十一条 城市、县城的主城区和规划区建设用地面积超过十平方千米的镇，有下列情形之一的，当地人民政府应当组织开展地震小区划：

（一）跨地震动参数区划分界线的；

（二）跨地震活动断层的；

（三）跨不同工程地质单元的。

【释义】 本条是对应当开展地震小区划工作的范围的规定。

一、本条明确了应当开展地震小区划工作的范围，主要包括三种情况：一是跨地震动参数区划分界线的。二是跨地震活动断层的。三是跨不同工程地质单元的。将地震小区划工作延伸到具备相关条件的镇，主要是适应国家新型城镇化建设需要，落实城乡统筹发展战略。随着我省经济社会快速发展，中心城镇建设越来越多，建设用地面积超过十平方千米的镇大量出现，与其相伴随的地震灾害风险也同步增长，我省在全国率先将其纳入应当开展地震小区划的范围，对于保障新型城镇建设和发展，确保地震安全，具有重要的基础作用和深远的战略意义。

地震小区划是根据城市规划区或某一特定区域内的具体场地条件给出的抗震设防要求的详细分区。目的是在城市规划区、厂矿企业、经济技术开发区等制定土地利用规划时为其提供基础资料，为地震小区划范围内的一般建设工程确定抗震设防要求提供依据。

地震活动断层指曾经发生和可能发生地表破裂型地震的活动断层。一般认为地震活动断层仍具有发生中强地震的可能性，因此具有很强的破坏力，建设工程应尽可能地避开地震活动断层。

对建筑场地按工程地质条件划分的单元,同一单元中各部位工程地质条件相近。

二、在上述规定范围内开展地震小区划,更有利于提高抗震设防要求的针对性、科学性和准确性。地震小区划与全国地震区划相比,具有以下特点:

一是地震小区划重视场地工程地质条件,特别是局部场地条件对地震破坏作用的影响。

二是地震小区划更为详细地研究周围地震活动环境、地质构造环境,分析近场区范围内的地震活动特征、鉴定活动构造的活动性质。

三是进行较全国地震区划图更为详细的地震危险性分析,并把地震环境和场地条件密切结合,选择合适的计算模型,进行土层地震反应分析。

四是区分不同的地震破坏作用,对地面断裂错动、滑坡、崩塌、地基土液化和软土震陷等地震地质灾害进行评价。

五是编制比例尺远大于全国地震区划图件,通常根据地震小区划的范围大小来选择合适的比例尺,某些范围较小的地震小区划的图件比例尺达到1∶1万~1∶5万。

三、对涉及跨地震动参数区划分界线、跨地震活动断层、跨不同工程地质单元的镇开展地震小区划作出规定,主要是考虑到在城市规划中,跨地震动参数区划分界线、跨地震活动断层和跨不同工程地质单元的地区,其地震研究程度和资料详细程度较差,有必要通过地震小区划工作开展更加深入、更加细致的研究,掌握更多的第一手资料,为准确确定抗震设防要求、确定地震活动断层的空间位置、采取避让措施等提供依据。

第十二条　重大建设工程和可能发生严重次生灾害的建设工程，其建设单位应当按照国家和省的规定开展地震安全性评价。

城市规划区特定区域的管理机构按照有关规定开展区域性地震安全性评价的，评价结果由区域内建设单位免费共享。

【释义】 本条是对重大建设工程和可能发生严重次生灾害的建设工程开展地震安全性评价以及开展区域性地震安全性评价的规定。

一、本条第一款规定重大建设工程和可能发生严重次生灾害的建设工程必须进行专门的地震安全性评价。

重大建设工程指对社会有重大价值或者有重大影响的工程，主要指地震发生后，一旦遭到破坏会造成社会重大影响和国民经济重大损失的建设工程。其中包括使用功能不能中断或需要尽快恢复的生命线建设工程，如医疗、广播、通信、交通、供水、供气等方面的建设工程均属此类。

可能发生严重次生灾害的建设工程指受地震破坏后可能引发水灾、火灾、爆炸、剧毒或者强腐蚀、放射性物质大量泄漏和其他严重次生灾害的建设工程，包括水库大坝、堤防工程和贮油、贮气、贮存易燃、易爆、剧毒或者强腐蚀性、放射性物质的设施，以及其他可能发生严重次生灾害的建设工程。

关于本条中提出的“应当按照国家和省的规定开展地震安全性评价”，“国家规定”是指国务院颁布的《地震安全性评价管理条例》（中华人民共和国国务院令第 323 号）。《地震安全性评价管理条例》第十一条规定：“下列建设工程必须进行地震安全性评价：（一）国家重大建设工程；（二）受地震破坏后可能引发水灾、火灾、爆炸、剧毒或者强腐蚀性物质大量泄露或者其他严重次生灾害的建设工程，包括水库大坝、堤防和贮油、贮气、贮存易燃易爆、剧毒或者强腐蚀性物质的设施以及其他可能发生严重次生灾害的建设工程；(三)受地震破坏后可能引发放射性污染的核电站和核设施建设工程；(四)省、自治区、直辖市认为对本行政区域有重大价值或者有重大影响的其他建设工程。”“省规定”是指《山东省地震安全性评价管理办法》(省政府令第 176 号)的相关规定。

二、对重大建设工程和可能发生严重次生灾害的建设工程作出必须进行专门的地震安全性评价，并根据地震安全性评价结果确定抗震设防要求的规定，主要是因为《中国地震动参数区划图》(GB 18306-2015)是根据地震危险性将国土划分成不同区域，对不同区域规定不同的抗震设防参数，受研究程度和比例尺限制，只能对全国范围内的地震危险程度进行平均估计，不能反映小范围内由于场地条件等因素引起的地震动参数的变化。实际震害经验和理论研究都表明，地震破坏作用在几百米、几万米范围内都可能出现显著差异，引起这些差异的场地工程地质条件因素在全国地震动参数区划图上不可能被考虑到，因此它只能作为一般工业与民用建筑的抗震设防依据。而不同工程对场地地震安全性评价工作的深度以及所提供的参数要求不同。大城市、重要经济开发区、大型厂矿企业、重要生命线工程，如交通、通信、供电、供水、输油、输气等工程都比较重要，而且覆盖的区域较大，跨越复杂的工程地质或地震地质区域，如果仍然依据全国地震动参数区划图确定这些建设工程的抗震设防要求，显然不能满足抗震设防的需要。另外，对一些重大工程、特殊工程，如核电站、大桥、大坝、易产生放射性物质污染和剧毒气体扩散、易燃易爆的建设工程以及有重大政治、经济、社会影响的建设工程的抗震设计也有特殊的严格要求，除提供基本地震动参数外，还要求提供不同概率水准的地震动参数、加速度反应谱、地震动时程曲线等多种地震动参数，这些参数必须通过详细和深入的场地地震安全性评价工作才能取得。

三、本条第二款对城市规划区特定区域开展区域性地震安全性评价做出规定，是指在特定的区域内，提前完成建设项目审批过程中涉及的有关前置性评估评审工作，形成整体性、区域化评估评审结果，提供给进入该区域的建设项目共享使用，以便该区域内的单体建设项目审批时简化相关环节、申请材料，或者不再进行评估评审。通过开展区域性地震安全性评价，变建设项目评估评审的单体把关为整体把关、申请后评审为申请前服务，逐步解决目前建设项目评估评审手续多、时间长等问题，进一步提高审批效率，减轻企业负担，节约社会资源，加快建设项目落地。因此，在土地和规划手续完备、功能定位明确、单体项目个性化要求不高的高新区、保税区、贸易区、工业园区等功能区或其他特定区域，推动开展区域性地震安全性评价。实行区域性地震安全性评价后，对进入该区域、符合区域性地震安全性评价结果适用条件的单体建设项目，相关环节、申请材料可以简化或者不再进行单独评价评审，行政审批相对人提出使用区域性评价结果的申请，行政审批部门可以直接使用区域性地震安全性评价结果确定抗震设防要求。

第十三条 灾害性地震发生后，当地人民政府应当及时组织对地震灾区抗震设防要求进行复核；复核结果经省人民政府地震工作主管部门初步审查后，报国务院地震工作主管部门审定。审定后的复核结果作为确定建设工程抗震设防要求的依据。

【释义】 本条是关于人民政府在地震灾害发生后应当及时组织有关单位，依照国家有关规定进行地震灾区抗震设防要求复核的规定。

地震灾区抗震设防要求复核是一项基础工作，是根据地震灾害发生后的实际情况，对地震灾区原来执行的抗震设防要求进行复核确定，为制定地震灾后恢复重建规划，确定灾后建设工程抗震设防要求提供依据。因此，地震灾害发生后，当地人民政府应该组织相关部门，对地震灾害现场、发震构造、地震活动特征和震害特征等进行科学考察并开展深入研究，通过分析计算重新给出地震灾区范围内的地震动参数。例如，汶川地震后的一个月内，有关单位就完成了地震灾区地震动参数复核工作，制定了《汶川地震灾区地震动参数区划图》，该图经全国地震标准化技术委员会和国家地震安全性评定委员会联合审查通过后，由国家标准化管理委员会批准，作为国家标准《中国地震动参数区划图》(GB 18306-2015)的修改单发布实施。不断发生的地震灾害，是对全国地震区划图和地震小区划图的实际检验，区划图的编制就是在一次次地震灾害实践中得到完善和补充。

为了保证复核结果科学、公正、可靠，地震灾区抗震设防要求复核必须依法进行。首先，地震灾区抗震设防要求复核由当地人民政府负责组织有关部门开展，其他任何单位和个人都无权进行评价复核，更无权以任何方式公布评价复核结果。其次，地震灾区抗震设防要求复核必须按国家有关规定和标准进行。最后，地震灾区抗震设防要求复核结果必须经省人民政府地震工作主管部门初步审查后，报国务院地震工作主管部门审定。复核后的抗震设防要求是编制灾后恢复重建规划的重要依据，也是复核区域内新建、改建、扩建一般建设工程，以及既有建设工程抗震鉴定与加固确定抗震设防要求的依据。

第十四条　对国家建设工程抗震设防技术标准以及工业、交通、水利、电力、核电、通信、铁路、民航等行业抗震设计规范规定的特殊设防类和重点设防类建设工程，有关部门和单位应当按照规定提高抗震设防要求或者提高抗震措施。

新建、改建或者扩建学校、幼儿园、医院、养老院等建设工程，其抗震设防要求应当在国家地震动参数区划图、地震小区划图、地震安全性评价结果的基础上提高一档确定，具体办法由省人民政府制定。

【释义】　本条是关于特殊设防类和重点设防类建设工程提高抗震设防要求或提高抗震措施的规定，以及学校、幼儿园、医院、养老院等建设工程提高一档抗震设防要求的规定。

一、第一款是对特殊设防类和重点设防类建设工程按照行业抗震设计规范提高抗震设防要求或者提高抗震措施的规定。

根据《建筑工程抗震设防分类标准》，抗震设防分类指根据建筑遭遇地震破坏后，可能造成人员伤亡、直接和间接经济损失、社会影响的程度及其在抗震救灾中的作用等因素，对各类建筑所做的设防类别划分。建筑工程抗震设防类别分为以下四个：(一)特殊设防类：指使用上有特殊设施，涉及国家公共安全的重大建筑工程和地震时可能发生严重次生灾害等特别重大灾害后果，需要进行特殊设防的建筑，简称甲类。(二)重点设防类：指地震时使用功能不能中断或需尽快恢复的生命线相关建筑，以及地震时可能导致大量人员伤亡等重大灾害后果，需要提高设防标准的建筑，简称乙类。(三)标准设防类：指大量的除 1、2、4 款以外按标准要求进行设防的建筑，简称丙类。(四)适度设防类：指使用上人员稀少且震损不致产生次生灾害，允许在一定条件下适度降低要求的建筑，简称丁类。各抗震设防类别建筑的抗震设防标准，应符合下列要求：(一)标准设防类，应按本地区抗震设防烈度确定其抗震措施和地震作用，达到在遭遇高于当地抗震设防烈度的预估的罕遇地震影响时不致倒塌或发生危及生命安全的严重破坏的抗震设防目标。(二)重点设防类，应按高于本地区抗震设防烈度1度的要求加强其抗震措施；但抗震设防烈度为9度时应按比9度更高的要求采取抗震措施；地基基础的抗震措施，应符合有关规定。同时，应按本地区抗震设防烈度确定其地震作用。(三)特殊设防类，应按高于本地区抗震设防烈度1度的要求加强其抗震措施；但抗震设防烈度为9度时应按比9度更高的要求采取抗震措施。同时，应按批准的地震安全性评价的结果且高于本地区抗震设防烈度的要求确定其地震作用。(四)适度设防类，允许在本地区抗震设防烈度的要求下适当降低其抗震措施，但抗震设防烈度为6度时不应降低。一般情况下，仍应按本地区抗震设防烈度确定其地震作用。可见，不同抗震设防类别的建设工程，其抗震设防要求和抗震措施是不同的。重点设防类和特殊设防类建设工程，根据其重要程度，抗震设防要求和抗震措施有不同程度的提高，目的是提高其抗震设防能力，有效减轻地震灾害。

交通、水利、电力、核电、通信、铁路、民航等行业建设工程的抗震设计规范也对建设工程进行了抗震设防分类并规定了相应的抗震设防标准。比如，《城市轨道交通结构抗震设计规范》规定城市轨道交通结构应划分为标准设防类、重点设防类、特殊设防类三个抗震设防类别。抗震设防类别的划分应符合下列规定：(一)标准设防类：除特殊设防类、重点设防类以外的其他轨道交通结构。(二)重点设防类：除特殊设防类以外的高架区间结构、高架车站主体结构、区间隧道结构和地下车站主体结构。（三）特殊设防类：在城市轨道交通网络中占据关键地位、承担交通量大的大跨度桥梁和车站的主体结构。各抗震设防类别结构的抗震设防标准应符合下列要求：（一）标准设防类：抗震措施应按本地区抗震设防烈度确定；地震作用应按现行国家标准《中国地震动参数区划图》（GB 18306）规定的本地区抗震设防要求确定。（二）重点设防类：抗震措施应按照本地区抗震烈度提高1度的要求确定；地震作用应按现行国家标准《中国地震动参数区划图》（GB 18306）规定的本地区抗震设防要求确定；对进行过工程场地地震安全性评价的，应采用经国务院地震工作主管部门批准的建设工程的抗震设防要求确定，但不应低于本地区抗震设防要求确定的地震作用。（三）特殊设防类：抗震措施应按本地区抗震设防烈度提高1度的要求确定；地震作用应按国务院地震工作主管部门批准的建设工程的抗震设防要求且高于本地区抗震设防要求确定。

本《条例》第六条第二款对有关部门和单位的抗震设防监督管理职责和权限作出了明确规定："住房城乡建设主管部门负责房屋建筑和市政工程抗震设防的监督管理工作；经济和信息化、交通运输、水利、电力、通信、铁路、民航等行业主管部门和单位按照职责分工，负责相关专业建设工程抗震设防的监督管理工作。"按照行业管理的原则，行业主管部门和单位应当负责工业、交通、水利、电力、核电、通信、铁路、民航等建设工程抗震设计规范的执行，确保特殊设防类、重点设防类建设工程的抗震性能。

二、本条第二款规定提高学校、幼儿园、医院、养老院等人员密集场所的建设工程的抗震设防要求，是针对特殊人群、特殊场所作出的规定。学校、幼儿园、医院、养老院等场所是人员密集场所，学校、幼儿园人员多为未成年人，养老院多为行动不便的老年人，地震发生时，其自救互救能力相对较弱，一旦遭遇破坏性地震，往往会发生严重的人员伤亡。同时,在抗震救灾中,医院承担着救死扶伤的重要职责,学校、幼儿园可作为应急避险安置的重要场所。国家高度重视学校等人员密集场所的地震安全,明确要求把学校建成最安全、家长最放心的地方。考虑到我国正逐步进入老龄化社会,老龄人口数量将会有大幅增长,为此,国家大力推进养老服务设施建设,提高养老院建设工程的抗震设防要求也十分必要和迫切。做好学校、幼儿园、医院、养老院等人员密集场所建设工程的抗震设防是落实科学发展观、坚持以人为本的具体体现。抗震设防要求贯穿建设工程抗震设防的全过程,直接关系建设工程抗御地震的能力,合理提高学校、幼儿园、医院、养老院等人员密集场所建设工程的抗震设防要求,是保证建设工程具备抗御地震灾害能力的重要措施。

汶川地震中,地震灾区的学校、医院等遭受了不同程度的破坏,学校建筑倒塌造成学生被埋被压,医院因为地震破坏失去医疗救助的功能,留下了惨痛的教训。汶川地震后,国家启动《中华人民共和国防震减灾法》修订工作,对提高学校、医院等人员密集场所抗震设防要求作了专门规定。2009 年 5 月 1 日新修订的《中华人民共和国防震减灾法》颁布实施,提出“对学校、医院等人员密集场所的建设工程,应当按照高于当地房屋建筑的抗震设防要求进行设计和施工,采取有效措施,增强抗震设防能力”。

2009 年 4 月 22 日,中国地震局印发《关于学校医院等人员密集场所建设工程抗震设防要求确定原则的通知》,规定适当提高学校、医院等人员密集场所建设工程地震动峰值加速度取值,特征周期不作调整,作为此类建设工程的抗震设防要求。提高地震动峰值加速度取值应按照以下要求:位于地震动峰值加速度小于0.05g分区的,地震动峰值加速度提高至0.05 g;位于地震动峰值加速度0.05g分区的,地震动峰值加速度提高至0.10 g;位于地震动峰值加速度0.10g分区的，地震动峰值加速度提高至0.15g；位于地震动峰值加速度0.15g分区的，地震动峰值加速度提高至0.20g；位于地震动峰值加速度 0.20g 分区的，地震动峰值加速度提高至 0.30g；位于地震动峰值加速度 0.30g 分区的，地震动峰值加速度提高至 0.40g。位于地震动峰值加速度大于等于 0.40g 分区的，地震动峰值加速度不作调整。《条例》所指“提高一档”确定抗震设防要求，即是指上述规定。该通知同时规定，学校、医院等人员密集场所建设工程的主要建筑应按上述原则提高地震动峰值加速度取值。其中，学校主要建筑包括幼儿园、小学、中学的教学用房以及学生宿舍和食堂，医院主要建筑包括门诊、医技、住院用房等。

根据《中华人民共和国防震减灾法》修订情况，山东省人大常委会修订了《山东省防震减灾条例》，并于 2010 年 12 月 1 日起施行。该条例规定，学校、幼儿园、医院等人员密集场所的建设工程，应当在地震小区划结果、国家颁布的地震动参数区划图或者地震安全性评价结果的基础上提高一档确定抗震设防要求。该条例对《中华人民共和国防震减灾法》和《关于学校医院等人员密集场所建设工程抗震设防要求确定原则的通知》进行了衔接和贯彻落实，结合山东省抗震设防要求管理实际，增加了地震小区划结果、地震安全性评价结果作为提高抗震设防要求的基础依据。

需要说明的是，根据《建筑抗震设计规范》《养老设施建筑设计规范》，学校、幼儿园、医院、养老院等建设工程的抗震设防类别最低为重点设防类，部分承担特殊医疗任务的医院属于特殊设防类。根据抗震设计规范，重点设防类和特殊设防类应按高于本地区抗震设防烈度 1 度的要求加强其抗震措施，本地区抗震设防烈度应按照全国地震动参数区划图给出的抗震设防烈度确定，而非在抗震设防要求提高 1 挡基础上、抗震设防烈度再提高 1 度确定。

第十五条 县级以上人民政府应当将建设工程抗震设防要求管理纳入建设项目管理程序。建设工程可行性研究报告和项目申请书中应当明确抗震设防要求确定意见。

【释义】 本条是关于将建设工程抗震设防要求确定纳入基本建设项目管理程序的规定。

一、长期以来,防震减灾工作由于缺乏法律保障,难以有效规范和纠正只重视经济建设不注重防震减灾,只重视建设工程的经济效益不重视安全效益的行为。由于长期以来新建、扩建、改建建设工程抗震设防要求管理工作纳入基本建设管理程序问题没有得到依法规范和管理,致使我省有相当数量的重大建设工程没能依法开展地震安全性评价工作,相当数量的建设工程不能科学合理地确定抗震设防要求。解决程序问题,已经成为我省提高建设工程抗震性能的关键问题。

二、把新建、扩建、改建建设工程的抗震设防要求管理工作作为建设工程可行性研究阶段和项目申请书中必不可少的一项主要内容,对于科学合理地确定建设工程的抗震要求,保护建设工程的投资效益和安全效益,具有重要作用。在建设工程可行性研究阶段确定科学合理的抗震设防要求,有利于工程建设的规划和合理布局,有利于作出工程场址的最佳选择。长期以来,有些建设工程盲目提高抗震设防要求,导致不必要的财力浪费;有些建设工程随意降低抗震设防要求,致使建筑工程达不到应当具备的抗震性能,留下致灾隐患。在这方面,我省已经付出了沉重的代价,应该汲取教训。例如,国家投资 5.7 亿元建设的鲁南水泥厂,由于项目设计前未开展地震安全性评价工作,施工时发现场址区有断层且规模较大，不得不停止施工，并补做了地震安全性评价工作。为此，造成直接经济损失约4000万元，设计返工费300万元，延误工期半年。如果该建设工程在可行性研究阶段进行了地震安全性评价，科学合理地确定了抗震设防要求，就不会给国家造成4300多万元的直接经济损失，更有利于提高建设工程的经济和社会效益。例如，广东汕头国际贸易大厦建设工程，高22层，占地1000平方米，由于在可行性研究阶段进行了地震安全性评价工作，合理确定了抗震设防要求，为设计部门提供了设计地震动参数资料，避免了因为盲目提高设防标准而造成浪费，仅此一项就节省建设材料费600多万元。

三、把新建、扩建、改建建设工程的抗震设防要求管理纳入基本建设管理程序，是提高地震灾害防御能力，行使事前监督管理职责的关键环节。这一规定，主要是要求政府有关部门充分认识行使事前监督管理职责的重要性，依法履行职责并承担相应的法律责任，共同加强建设工程抗震设防要求的监督管理。在建设工程可行性研究和项目申请阶段，把抗震设防要求审批意见作为可行性研究报告和项目申请书的必备重要内容进行监督管理，才能确保建设工程依法达到抗震设防要求。

第三章　抗震规划与选址

城市抗震防灾规划是一项涉及城市规划、工程抗震、地质勘察、供电、交通、医疗卫生等诸多专业的综合性工作，编制和实施抗震防灾规划是保障城市安全和提高城市综合抗震能力的重要途径。

本章共5条，规定了城市抗震防灾规划的编制、建设工程选址和勘察设计应当符合抗震防灾规划，以及企业抗震防灾规划的编制、地震活动断层调查组织开展和成果应用等内容。

第十六条　城市、县城总体规划应当包括城市、县城抗震防灾规划。城市、县城抗震防灾规划的规划范围应当与城市、县城总体规划相一致，并同步实施。

设区的市、县(市)人民政府有关部门组织编制城市、县城抗震防灾规划，应当依据国家地震动参数区划图以及地震重点监视防御区和地震重点危险区判定结果，加强重点区域的抗震设防。

城市、县城抗震防灾规划中的抗震设防技术标准、建设用地评价与要求、抗震防灾措施，应当列为城市、县城总体规划的强制性内容。

【释义】 本条是关于城市、县城抗震防灾规划的编制、依据以及与总体规划的关系的规定。

一、城市、县城抗震防灾规划定位。

城市总体规划是对一定时期内城市的性质、发展目标、发展规模、土地利用、空间布局以及各项建设的综合部署、具体安排和实施措施，是引导和调控城市建设，保护和管理城市空间资源的重要依据和手段。经法定程序批准的城市总体规划，是编制近期建设规划、详细规划、专项规划和实施城市规划行政管理的法定依据。2012 年颁布实施的《山东省城乡规划条例》结合我省县城的区划情况和规划管理实际，衔接《中华人民共和国城乡规划法》关于规划编制体系的相关规定，创设了“县城规划”，规定县城规划包括总体规划和详细规划，本《条例》与《山东省城乡规划条例》相协调一致，采用了城市、县城总体规划中相关内容的表述。

为加强全省城乡规划管理，2017 年，山东省成立了山东省城乡规划委员会，由 21 个部门作为成员单位。同时，省政府印发了《山东省城乡规划委员会工作规则》，明确了山东省城乡规划委员会的机构组成、工作职责和议事规则。该规则指出，山东省城乡规划委员会是山东省政府统一指导、协调全省城乡规划工作的议事协调机构，一般由山东省常务副省长担任主任。山东省城乡规划委员会自成立以来，先后审议了烟威、东滨、临日和济枣菏都市区发展规划以及日照市、青岛西海岸新区、兰陵县等 30 余项城市、县城总体规划。山东省城乡规划委员会的成立和职能发挥，对于全省城乡规划建设具有重要指导作用。

2015 年修订实施的《中华人民共和国城乡规划法》第十七条规定：“城市总体规划、镇总体规划的内容应当包括：城市、镇的发展布局，功能分区，用地布局，综合交通体系，禁止、限制和适宜建设的地域范围，各类专项规划等。”城市、县城总体规划涉及城市发展的方方面面，很多行业和部门的规划都要作为一个专项内容纳入总体规划进行统筹，这些行业和部门规划称为专项规划。城市、县城抗震防灾规划通过对城市抗震措施薄弱环节和存在问题的研究分析，围绕抗震防灾目标、城市用地选址、抗震防灾指标体系、措施和要求进行专业规划，对落实城市、县城总体规划，指导各项基础设施和公共服务设施建设，保障城市安全和提高城市综合抗震能力，都具有重要作用。在总体规划的文本、图纸和说明书中，要根据城市、县城发展建设的需要和空间布局的整体要求，提出抗震防灾等设施的发展目标、空间布局和相关控制指标、对策措施等内容。《山东省城乡规划条例》第十六条规定："城市、县有关部门组织编制的交通、电力、供热、燃气、通信、绿化、消防、抗震、给水排水、人民防空、环境卫生、文物保护、公共服务设施等有关专项规划，经城市、县城乡规划主管部门审查同意，报本级人民政府审批后，纳入城市、县城总体规划。"同时，《城市抗震防灾规划管理规定》（住房城乡建设部令第117号）第三条规定："城市抗震防灾规划是城市总体规划中的专业规划……城市抗震防灾规划的规划范围应当与城市总体规划相一致，并与城市总体规划同步实施。"城市、县城抗震防灾规划的编制应当与城市、县城总体规划的编制同步进行，严格按照总体规划的内容要求开展工作，并将抗震防灾规划的主要内容纳入总体规划的文本、图纸和说明书，作为总体规划的一部分一并审批。

二、城市、县城抗震防灾规划管理。

《城市抗震防灾规划管理规定》（住房城乡建设部令117号）第五条规定："省、自治区人民政府建设行政主管部门负责本行政区域内的城市抗震防灾规划的管理工作。直辖市、市、县人民政府城乡规划行政主管部门会同有关部门组织编制本行政区域内的城市抗震防灾规划，并监督实施。"《山东省城乡规划条例》第十六条规定:“城市、县有关部门组织编制的交通、电力、供热、燃气、通信、绿化、消防、抗震、给水排水、人民防空、环境卫生、文物保护、公共服务设施等有关专项规划,经城市、县城乡规划主管部门审查同意,报本级人民政府审批后,纳入城市、县城总体规划。”依据上述相关规定,目前,我省大部分设区的市完成了新一轮城市抗震防灾规划的编制工作,多数由住房城乡建设主管部门组织编制,个别由城乡规划部门组织编制。结合我省工作实际,并与《山东省城乡规划条例》和《城市抗震防灾规划管理规定》相衔接,本《条例》规定抗震防灾规划是由设区的市、县人民政府有关部门组织编制,各设区的市、县可根据本地实际,明确组织编制的相关责任部门。

三、城市、县城抗震防灾规划编制依据。

编制城市、县城抗震防灾规划应当依据国家地震动参数区划图以及地震重点监视防御区和地震重点危险区的判定结果的要求,可以更好地保证规划的目标、工作重点和工作任务更具针对性和科学性,更好地贯彻我国的防震减灾工作方针。通过规划统筹安排防震减灾重点工作和重点项目,可以不断提高全社会防御地震灾害的综合能力,并使其与经济社会发展水平和发展需求相适应。

(一)《中国地震动参数区划图》是贯彻落实《中华人民共和国防震减灾法》,确定我国一般建设工程抗震设防要求的强制性国家标准。该标准以地震动参数(地震动峰值加速度和地震动反应谱特征周期)为指标,将我国国土划分为不同抗震设计要求的区域,是新建、扩建、改建一般建设工程的抗震设防要求,也是既有的一般建设工程的抗震加固抗震设防要求。同时,该标准为各级政府编制国民经济和社会发展总体规划、国土利用规划、防震减灾规划和环境保护规划等相关规划提供依据。

(二)地震重点危险区指一年内我国西部可能发生 6 级及以上、东部可能发生 5.5 级及以上地震的地区。全国地震重点危险区的判定意见由中国地震局提出，报国务院审定。《山东省防震减灾条例》第二十三条第二款规定："地震重点监视防御地区和地震危险区的县级以上人民政府应当研究提出防震减灾工作意见，加强震情跟踪、流动监测和群测群防工作，强化工程性防御措施，做好地震应急救援准备。"划定地震危险区，是在划定全国地震重点监视防御区和全国地震重点监视防御城市的基础上，采取的区别于一般地区、需要予以重视和加强区域性工作的措施。采取这项措施，可以为政府集中资源、有针对性地加强特定区域的防震减灾工作提供依据，从而有效地减轻地震灾害风险，降低地震灾害可能造成的损失。例如，1975 年 2 月 4 日，我国辽宁海城发生了 7.3 级地震。这次地震前半年，地震工作部门将该区确定为地震危险区，并加强了监视。临震前，地震部门又提出了比较明确的书面地震预报意见，当地政府依据地震预报意见采取了应急防范措施，使这次发生在人口密集、经济发达地区的强烈地震的损失大大减少。专家估计，这次地震的成功预报与预防，使得约 10 万人免于罹难，减少经济损失 30～50 亿元人民币。

(三)地震重点监视防御区指在未来 10 年或者稍长一段时间内，可能发生地震并造成灾害，需要全面强化防震减灾工作措施，经国务院或者省政府批准确定的城市和地区。《山东省地震重点监视防御区管理办法》(山东省人民政府令第 207 号)第十一条规定，"地震重点监视防御区内的县级以上人民政府及地震行政主管部门和其他有关部门"，应当加强工程性防御措施，"提高本地区抗御地震灾害的综合能力"。实际检验表明，我国自实行地震重点监视防御区工作制度以来，在地震重点监视防御区发生地震所造成的人员伤亡和经济损失，分别占我国大陆地区地震灾害死亡人员总数的 93％和经济损失的 72％。我省 48％的人口和 29％的土地面积位于地震重点监视防御区内。预计未来 80％的破坏性地震事件和90%的地震灾害损失会落在上述重点地区内，这也是今后15年我省防震减灾工作的重点地区。《中华人民共和国防震减灾法》第三十条第二款规定："国务院地震工作主管部门应当加强地震重点监视防御区的震情跟踪，对地震活动趋势进行分析评估，提出年度防震减灾工作意见，报国务院批准后实施。"第三款规定："地震重点监视防御区的县级以上地方人民政府应当根据年度防震减灾工作意见和当地的地震活动趋势，组织有关部门加强防震减灾工作。"根据实际需要，在本级财政预算和物资储备中安排抗震救灾资金、物资。第四款规定："地震重点监视防御区的县级以上地方人民政府负责管理地震工作的部门或者机构，应当增加地震监测台网密度，组织做好震情跟踪、流动观测和可能与地震有关的异常现象观测以及群测群防工作，并及时将有关情况报上一级人民政府负责管理地震工作的部门或者机构。"上述规定明确了地震重点监视防御区的县级以上地方人民政府及其有关部门应全面加强防震减灾各项工作，组织好震情跟踪、流动观测、群测群防和防震减灾宣传教育，强化工程性防御措施，做好地震应急救援准备，有关政府和部门应当细化工作方案，强化工作措施，加强监督检查，切实抓好各项职责任务的落实。

四、城市、县城抗震防灾规划强制性内容。

《中华人民共和国城乡规划法》第十七条第二款对城市总体规划、镇总体规划的强制性内容进行了明确规定："规划区范围、规划区内建设用地规模、基础设施和公共服务设施用地、水源地和水系、基本农田和绿化用地、环境保护、自然与历史文化遗产保护以及防灾减灾等内容，应当作为城市总体规划、镇总体规划的强制性内容。"《城市抗震防灾规划管理规定》(住房城乡建设部令117号)第十条规定："城市抗震防灾规划中的抗震设防标准、建设用地评价与要求、抗震防灾措施应当列为城市总体规划的强制性内容，作为编制城市详细规划的依据。”第九条规定，城市抗震防灾规划应当包括“市、区级避震通道及避震疏散场地（如绿地、广场等）和避难中心的设置与人员疏散的措施”；“城市交通、通讯、给排水、燃气、电力、热力等生命线系统，及消防、供油网络、医疗等重要设施的规划布局要求”；“对地震可能引起水灾、火灾、爆炸、放射性辐射、有毒物质扩散或者蔓延等次生灾害的防灾对策”。这些规定将城市、县城抗震防灾规划中的抗震设防要求、抗震设防技术标准、建设用地评价与要求、抗震防灾措施列为城市、县城总体规划的强制性内容；将抗震防灾专项规划与城市、县城总体规划相衔接，会同相关部门、行业将建设工程抗震设防要求监管落到实处；结合当地条件和特点，有针对性地推进地震活动断层探测工作，为城市、县城总体规划提供基础支撑。

第十七条 城乡详细规划编制和工程勘察设计应当符合抗震防灾规划。

城乡规划主管部门核发建设项目选址意见书和规划许可证时，应当审查建设工程是否符合抗震防灾规划中的强制性要求。

【释义】 本条是关于城乡详细规划编制和工程勘察设计应当符合抗震防灾规划的规定。

一、城市详细规划指以城市总体规划为依据，对一定时期内城市局部地区的土地利用、空间布局和建设用地所作的具体安排和设计。详细规划分为控制性详细规划和修建性详细规划。城市控制性详细规划，指以城市总体规划为依据，确定城市建设用地使用强度、道路和市政管线以及空间环境等的规划控制要求。控制性详细规划是引导和控制城镇建设发展最直接的法定依据，是具体落实城市总体规划各项战略部署原则要求和规划内容的关键环节。编制控制性详细规划应当在空间范围有效覆盖，可以根据各阶段城镇新区开发和旧城改造的重点，分区域、分阶段展开，并注意与国民经济和社会发展规划相衔接，加强详细规划对土地出让和开发建设的综合调控。城市修建性详细规划，指以城市的总体规划或控制性详细规划为依据，制定用以指导城市各项建筑和工程设施建设的规划设计。修建性详细规划的编制依据是控制性详细规划，是对控制性详细规划的具体落实，不得改变控制性详细规划对用地的相关强制性内容。《山东省城乡规划条例》第十三条明确规定："编制控制性详细规划，不得改变城市、县城、镇总体规划的强制性内容；确需改变的，应当先按照法定程序修改总体规划。"《城市规划编制办法》第二十四条规定："编制城市控制性详细规划，应当依据已经依法批准的城市总体规划或分区规划，考虑相关专项规划的要求。"依据上述规定，本《条例》规定城乡详细规划编制应当符合抗震防灾规划。

二、建设工程勘察指根据建设工程的要求，也就是建设工程本身的特点，在查明建设工程场地范围内的地质地理环境后，对地形地貌、地质和水文等要素作出分析、评价和建议，为地基处理、地基基础设计和施工提供详细的地基土构成与分布、各土层的物理力学性质、持力层及承载力、变形模量等岩土设计参数，以及不良地质现象的分布与防治措施，以达到确保工程建设的顺利进行以及建成后能安全和正常使用的目的。建设工程设计，指在进行可行性研究并经过初步技术经济论证之后，根据建设项目总体需求及地质勘察报告，对工程的外形和内在实体进行筹划、研究、构思、设计和描绘，形成设计说明书和图纸等相关文件。《城市抗震防灾规划管理规定》第十六条规定："城市的各项建设必须符合城市抗震防灾规划的要求。"建设工程的勘察设计是工程建设的基础性工作,勘察设计资料是建设项目决策的科学依据,直接关系着建设工程的质量和安全。本《条例》规定工程勘察设计应当符合抗震防灾规划。

三、"三分规划,七分管理"。在规划区内进行各项建设,实施城乡规划,都要服从规划管理。政府对城乡规划活动的管理,关键是要确立相应的制度,并采取强有力的措施加以规范和约束。只有依法加强对城乡规划的管理,才能使依法批准的各类城乡规划得以落实,有序规范各项城乡建设活动。因此,加强城乡规划管理,保障城乡规划的实施是城乡规划立法的直接目的。建设项目选址意见书是城乡规划主管部门按照国家法律规定,对以划拨方式提供国有建设用地使用权的建设项目,在报送有关部门批准或者核准前向建设单位核发的同意选址证明文件。建设工程规划许可证是城市规划行政主管部门依法核发的,确认有关建设工程符合城市规划要求的法律凭证。《中华人民共和国城乡规划法》第四十条规定:"在城市、镇规划区内进行建筑物、构筑物、道路、管线和其他工程建设的,建设单位或者个人应当向城市、县人民政府城乡规划主管部门或者省、自治区、直辖市人民政府确定的镇人民政府申请办理建设工程规划许可证。"建设工程规划许可证是建设工程办理建设工程施工许可证、进行规划验线和验收、商品房销(预)售、房屋产权登记等的法定要件,可以确认有关建设活动的合法地位,保证有关建设单位和个人的合法权益。抗震防灾规划中的强制性要求,是建设工程抗震设防应满足的最低要求,是城市用地规划不能突破的底线。建设工程只有符合抗震防灾规划中的强制性要求,才能够实现最大限度地减轻地震灾害风险,减少地震灾害对人民生命财产安全造成的损失。

第十八条 建设工程选址应当符合抗震防灾规划要求，依据地震活动断层调查和地震小区划等成果资料，按照有关技术标准，避开地震活动断层、地震地质灾害危险区；无法避开的，应当采取必要的工程处理措施。

除符合前款规定外，涉海建设工程选址，还应当符合近海地震区划；核电建设工程选址，还应当避开地震能动断层。

公路、铁路、输油输气管线、输电线路、城市地下综合管廊等线状建设工程的建设单位，应当依法进行专项地震地质灾害评估，并根据评估结果确定选址方案。

【释义】 本条是关于建设工程选址的规定。

一、活断层探测、小区划对选址的影响。

地震活动断层指曾经发生和可能发生地表破裂型地震的活动断层。地震活动断层通常是地质历史时期形成的深大断裂，在后期地壳构造应力地质环境下重新活动而产生的。深大断裂的长度一般从数十公里延伸至数千公里不等；切割深度少则数公里，多则数百公里，大多是切穿岩石圈、基地或地壳的断裂。复活运动伴随着的地质现象是地热流异常和地震等，特别是走滑活动断层，很容易形成强震、伴生地震带等。

地震活动断层是产生地震的根源，也是地震地质灾害的元凶。2008 年，四川汶川发生 8.0 级地震，受灾严重的绵阳市北川县坐落在龙门山主中央断裂上；2013 年四川雅安的 7.0 级地震也发生在龙门山断裂带上。2010 年，青海玉树 7.1 级地震的发震断层为甘孜—玉树断裂。大量震例现场观测表明，地震时断层沿线的破坏最为严重，人员伤亡也明显大于断层两侧的其他区域。沿活动断层分布的地震地表破裂带地面宽度是有限的，研究表明，平均宽度为30米，对地面建（构）筑物的毁坏带宽度也是有限的。因此，在查明活动断层准确位置的基础上，科学确定地表活动断层“避让带”宽度，使得新建地面建（构）筑物与具有发震能力的活动断层错动引起的灾害带保持一定的安全距离，是减轻活动断层附近地震灾害的最为直接、有效的手段。

二、特殊工程、无法避开断层的处理方式。

能动断层指在地表或者接近地表的很可能产生相对位移的断层。目前，在我国东部地区，若一条断层存在Q3（晚更新世）或约10万年以来发生过的运动迹象，或者另一条已知能动断层的运动会引起该断层的运动，那么这一断层可被视为能动断层。相比活动断层，能动断层更加强调地表或近地表可能引起的错动。地震发生时，若建设工程被地表断层穿过，建设工程的不同部分发生相对位移，那么建设工程将有极大概率发生倒塌破坏。鉴于核安全的特殊性，这种破坏对于核电建设工程是无法接受的，所以核电建设工程的选址应当避开地震能动断层。

三、专项地震地质灾害评估。

地震地质灾害指在地震作用下，地质体变形或破坏所引起的灾害，是主要的地震次生灾害，主要包括三大类：（一）由于地震动作用导致的对工程有直接影响的工程地基基础失效，包括饱和砂土液化、软土震陷等；（二）由于地震动作用导致的对工程有间接影响的工程场地失效，包括岩体崩塌、岩体开裂、岩土滑坡等；（三）由地震断层作用导致的地表错动、地裂缝与地面变形等地质灾害。历史震害研究表明，地震地质灾害往往对建筑物造成严重破坏。例如，2008年的8.0级汶川地震中，王家岩滑坡和景家山崩塌覆盖了山下大面积的房屋，临近的老县城被夷为平地，人员伤亡惨重。因此，建设工程选址遇到地震活动断层、地震地质灾害危险区时，应当按照有关技术标准进行避让；无法避开的，应当采取必要的工程处理措施，但其技术难度和建造成本都会相应增大。

我省北部海域发育北西向的燕山—渤海断裂带，在南黄海海域发育北东向的断裂带，近海地质构造较为复杂。近海地震区划可为一般涉海建设工程的选址提供依据，为其抗震设计提供设计地震动参数。我省海岸线漫长且曲折，沿海地区多分布化工、钢铁等重工业，为其服务的专门港口，如 LNG（液化天然气）接收站等，数量多、规模大，如果遭受地震破坏，后果将是灾难性的。对于诸如此类的重大涉海建设工程和受地震破坏后可能引发严重次生灾害的涉海建设工程，为进一步提高其选址和抗震设防参数的科学性，应当开展地震安全性评价。

第十九条　位于地震动峰值加速度分区值 0.20 g 以上地区的大型工矿、电力企业和易发生严重次生灾害的生产企业，应当编制本企业的抗震防灾规划方案。

【释义】　本条是关于位于地震动峰值加速度分区值 0.20 g 以上地区的大型工矿、电力和易发生严重次生灾害的生产企业应当编制抗震防灾规划的规定。

一、大型工矿企业。

本条是针对三种类型的企业作出的规定，一是大型工矿企业；二是电力企业；三是易发生严重次生灾害的生产企业。上述企业通常具有以下特点：（一）企业生产连续性强。若某一装置或某一部分设施遭受破坏，企业可能被迫停产，甚至会波及下游产业。其中，电力企业还承担着为震后救灾提供能源的任务，震时遭受的破坏越小，震后恢复生产越快，救灾就越及时，成效就越大，地震造成的损失就越小。（二）次生灾害风险高。如石化企业有着大量的高温、高压设备和易燃、易爆甚至有毒、有害的油、气物料，地震时一旦遭受破坏，极易发生严重的次生灾害。如1964年日本新潟县7.5级地震导致昭和炼油厂发生火灾，燃烧持续了15天。（三）要害设施高度集中。例如，一个炼油厂里，减压、催化裂化、铂重整、加氢精制、加氢裂化等核心装置通常布置在有限的区域中，这些设备造价昂贵，且有可能发生连锁反应，一旦遭受破坏，修复更换受损设备、恢复生产的时间成本和经济成本都将是巨大的。（四）高柔设备及构筑物多。如工矿企业特别是石化、冶金企业中，立式容器、塔架等长周期结构较多，在抗震设防时需要充分考虑远震的影响。如果场地覆盖层较厚，地基土层松软，地震时这些设备遭受的破坏会更加严重。如1985年墨西哥8.1级大地震，墨西哥城距离震中约400千米，破坏程度却远大于近震源区，炼油厂区油罐失稳破坏明显。（五）生产区与生活区距离较近。在企业办社会的时期，企业生活区往往和生产区紧密相连。随着时代的发展，彼时地处城郊的大型企业如今也逐渐被居住、商业用地包围。假如地震时这些大型企业发生了次生灾害，那么附近的居民也将受到非常大的影响。鉴于这些特点，在地震风险较高的地区，大型工矿、电力企业和易发生严重次生灾害的生产企业，编制抗震防灾规划是非常必要的。企业只有把抗震防灾规划和安全生产有机地结合起来，才能实现真正意义上的“以防为主、平震结合”，才能减轻地震灾害风险，获得更好的经济效益和社会效益。

二、企业的抗震防灾规划。

在重大地震灾害事件中，企业既是地震灾害的重灾区，也是重大次生灾害源。企业引发的地震灾害的特点主要表现为：地震造成企业重大人员伤亡、财产损失和经济损失；地震引发大规模次生灾害，如核电站与有毒有害物质泄漏引发的环境灾难、高坝溃坝引发的大规模洪水灾害；生命线运营企业遭受地震破坏导致基本公共服务中断，如断水、断电、断气和交通瘫痪等；导致生产链、商业链、信息链中断，严重影响生产和经济活动，造成大量企业倒闭、停产，并引发大规模失业等社会危机，影响社会稳定。例如，2011 年东日本大地震造成 1951 家企业破产，企业损失 4 万多亿日元，日本全国还有 90％的企业遭受了间接损害，主要表现为：供货方或购货方受害导致业务收缩或停止，进而影响供应链运转不畅或中断。

本《条例》对企业编制抗震防灾规划作出规定，主要是为保障企业在遭受地震事件影响后业务能够保持连续，使企业能够生存，不丧失其市场竞争力，以发挥企业自身的社会功能，保障社会正常运转。企业要保持连续运转，主要涉及八个方面的要素：一是企业房屋建筑、设施和设备具有足够的抗震能力，能够在地震灾害事件中不毁坏，或者能够在较短时间内恢复。二是确保企业核心信息与资料、硬件和软件在地震灾害中不被损坏，或在地震之后可以得到迅速恢复。三是确保地震灾害中企业管理能力不会受到严重削弱。四是确保企业的资金和融资能力、运作能力不受严重破坏。五是确保由外部提供的支撑企业运转的生命线系统，包括供水、供电、供气和信息系统在地震灾害中不遭受破坏或能够快速恢复。六是要充分考虑企业主要供货方在地震事件中的安全性和货物的可达性，涉及供货方地点地震灾害风险评估和风险分散管理。七是要充分考虑企业外委加工在地震灾害事件中的安全性。八是要充分考虑产品物流因素，即在地震灾害事件发生后企业产品的物流渠道是否畅通。上述因素的核心是确保企业在地震灾害发生前采取的有针对性预防措施和地震灾害发生后的恢复能力措施，强调企业的关键业务能够经得起地震灾害事件的影响，确保不中断。在现代社会中，企业是社会经济发展的核心，对公众的生活、生计和生命财产安全至关重要。因此，重视做好大型工矿、电力和易发生严重次生灾害的生产企业抗震防灾规划编制工作，具有十分重要的战略意义。

第二十条 县级以上人民政府应当组织开展地震活动断层调查。调查成果作为编制城乡规划和核发建设项目选址意见书的依据。

【释义】 本条是关于组织开展地震活动断层调查和成果应用的规定。

一、地震活动断层调查指采用地质与地球物理方法综合确定活动断层位置和产状，获取晚第四纪活动性质、幅度、时代、速率及大地震复发间隔等参数的技术过程，包括活动断层探察、鉴定、定位和地震危险性评价等内容。根据《山东省地震活动断层调查管理规定》，县级以上人民政府应当加强对地震活动断层调查工作的领导，并根据实际需要，投入专项经费，组织开展地震活动断层调查，并依据地震活动断层调查结果编制城市总体规划和国土利用规划。承担地震活动断层调查的单位，应当将地震活动断层调查报告报送省地震行政主管部门审定。经审定的地震活动断层调查报告，是编制城市规划和进行重大建设工程选址的依据。未经审定的地震活动断层调查报告，城市人民政府及其有关部门不得将其作为编制城市规划的依据；建设单位不得将其作为重大建设工程选址的依据。

地震活动断层调查是防震减灾的一项重要基础性工作，调查结果直接服务于地震监测预报和地震灾害防御。开展城市地震活动断层调查，把地下的情况搞清楚，主要是为城镇规划建设避开地震活动断层和抗震不利地段提供依据。我省是地震灾害多发省份，其中一个主要因素就是在我省境内存在着发生中强以上地震的地质构造背景，我国东部最大的地震构造带郯庐强震构造带和聊考强震构造带纵贯南北，燕山—渤海强震构造带在半岛北部沿海通过，南黄海地震带沿半岛东南近海海域分布。另外，我省境内还分布着80多条不同规模的断裂。这些断裂的存在，决定了我省将始终面临发生中强以上地震灾害的可能。因此，规定县级以上人民政府应当组织开展地震活动断层调查，具有很强的针对性和科学性。开展地震活动断层调查是县级以上人民政府依法履行公共安全管理职责，保障城市地震安全的重要基础性工作。

在省委、省政府的高度重视和大力支持下，省财政投入专项资金开展地震活动断层探测工作。自2005年以来，我省开展了济南、青岛、潍坊、淄博、新泰、兰陵等城市的局部规划区活动断层探测工作，取得了丰硕成果，有的成果已经在城市总体规划、抗震防灾规划编制中得到应用。在开展陆域地震活动断层探测工作的同时，为适应建设海上山东建设需要，我省还组织开展了山东半岛南部近海海域和山东半岛北部近海海域地震活动断层探测工作，为跨海大桥、海底隧道、核电基地、核能海水淡化等涉海工程的选址工作提供了重要依据。

二、将地震活动断层调查结果作为编制城乡规划和核发建设项目选址意见书的依据，是为了从制度和程序上保证建设项目的选址按照《山东省地震活动断层调查管理规定》等法规规章和相关技术标准的要求，避让地震活动断层，使得城市用地规划更加科学，建设工程既经济又安全。

大量地震灾害的研究表明，地震活动断层是造成严重地震灾害的元凶。地震发生时,位于地震活动断层上的建筑物或构筑物的破坏最为严重。在汶川地震中,映秀—北川断裂地表破裂带所经之处,所有的山脊水系和建筑均被错断毁坏。断裂从北川县城通过,给北川县城造成了毁灭性破坏。龙门山活动断层错动形成了高达 9 米的垂直位移。20 世纪 90 年代后期,美国北岭地震、日本阪神地震、土耳其伊兹密特地震和我国台湾南投大地震等发生后,世界许多国家的政府和地震科学家都清楚地认识到地震活动断层探测与研究的重要性和急迫性。由于我省经济社会发展较快,生命线工程、重大建设工程、涉海建设工程以及特殊建设工程的建设规模越来越大,数量越来越多,重要的工农业基础设施遍布全省,且有向中心城市聚集的趋势,位于地震活动断层上的城市,一旦遭遇破坏性地震,容易造成极为严重的人员伤亡和经济损失。

第四章　抗震设计与施工

在新建、改建、扩建建设工程的一系列规定程序中，与工程抗震性能关系密切的是勘察、设计和施工三个阶段。勘察工作为抗震设计提供岩土性质、场地抗震类别、地基地震效应等基础资料；设计单位依据勘察成果文件确定、选用抗震结构形式和采取抗震措施，进行抗震设计，向施工单位提供施工图设计文件；施工单位按照施工图设计文件和施工技术标准进行施工。可见，建设工程勘察、设计、施工是保证工程抗震性能的重要环节。随着工程减震、隔震等抗震新技术的广泛应用，隔震减震建设工程的设计、施工、监理、验收、检测、使用维护等关键环节亟须通过立法明确各方责任，规范管理。除此之外，我省乡村建设工程抗震设防管理相对薄弱，农村居民个人自建住宅等乡村建设工程未采取抗震设防措施的现象较为普遍，需要对乡村建设工程抗震设防工作进行规范。

本章共 14 条，是关于新建、改建、扩建建设工程和乡村建设工程的抗震设计、施工方面的规定。其主要内容包括：抗震相关地方标准制定的责任主体；建设工程抗震设计专项论证、抗震设防专项审查制度；减隔震技术应用设计、施工深度要求和质量要求；乡村建设工程抗震设防监管和服务制度。

第二十一条 省人民政府住房城乡建设、交通运输、水利等有关主管部门应当组织制定建设工程抗震设计、施工等工程建设地方标准，完善工程建设标准体系并负责监督实施。

建设工程抗震设计、施工等技术标准，应当与抗震设防要求相衔接。

【释义】 本条是关于抗震设防专业地方标准组织制定、监督实施以及编制要求的规定。

一、《中华人民共和国标准化法》对有关行政主管部门在标准制定、实施和监督管理方面的职责做了具体规定。其中，第五条规定，“县级以上地方人民政府有关行政主管部门分工管理本行政区域内本部门、本行业的标准化工作”；第三十二条规定“县级以上人民政府标准化行政主管部门、有关行政主管部门依据法定职责，对标准的制定进行指导和监督，对标准的实施进行监督检查”。《中华人民共和国标准化法实施条例》第九条规定：“省、自治区、直辖市有关行政主管部门分工管理本行政区域内本部门、本行业的标准化工作，履行下列职责：（一）贯彻国家和本部门、本行业、本行政区域标准化工作的法律、法规、方针、政策，并制定实施的具体办法；（二）制定本行政区域内本部门、本行业的标准化工作规划、计划；（三）承担省、自治区、直辖市人民政府下达的草拟地方标准的任务；（四）在本行政区域内组织本部门、本行业实施标准；（五）对标准实施情况进行监督检查。”

《山东省住房和城乡建设厅主要职责内设机构和人员编制规定》明确，省住房城乡建设厅“组织实施工程建设实施阶段的国家标准、全国统一定额和行业标准；拟订全省有关工程建设实施阶段的地方标准”。《山东省水利厅主要职责内设机构和人员编制规定》明确，省水利厅“负责组织拟订水利行业地方技术标准和规程规范，负责行业技术标准和规程规范的监督实施”。其他主管部门也有相应的职责规定。相关的地方标准如《农村房屋建筑抗震技术标准》《建筑工程抗震性态设计规范》等。

二、本条第二款是为建设工程的强制性标准与抗震设防要求相衔做出的规定，确定了抗震设防要求在抗震设防中的主体地位，明确了抗震设防要求与抗震设防技术标准的关系，强调建设工程抗震设防要求编制抗震设防技术标准的重要基础和依据。本条规定的实施，将为建设工程按照抗震设防要求进行抗震设防，保障建设工程抗震性能提供法律保障。有关建设工程技术标准与抗震设防要求相衔接，主要有以下方面：

（一）对于一般工业及民用建设工程，必须按照国家颁布的地震动参数区划图、地震小区划图规定的抗震设防要求进行抗震设防，有关建设工程的标准，应当与其相衔接。现行的《中国地震动参数区划图》采用的是地震动峰值加速度和反应谱特征周期，设防水准为 50 年超越概率 10%。《中国地震动参数区划图》给出了全国城镇Ⅱ类场地基本地震动峰值加速度和基本地震动加速度反应谱特征周期，以及其他场地的地震动参数的确定方法，它是一般建设工程的抗震设防基本依据和最低要求，一般建设工程的抗震设计技术标准，应当与《中国地震动参数区划图》规定的要素相衔接。

（二）本《条例》第十二条规定，重大建设工程和可能发生严重次生灾害的建设工程，应当开展地震安全性评价。地震安全性评价的结果是重大建设工程抗震设防要求确定的依据，重大建设工程抗震设计、施工等技术标准应当与地震安全性评价的结果相衔接，比如《建筑工程抗震设防分类标准》对特殊设防类建筑规定，应按批准的地震安全性评价的结果且高于本地区抗震设防烈度的要求确定其地震作用。《水运工程抗震设计规范》规定，液化天然气码头和储罐区护岸抗震设防采用的地震动参数根据专项地震安全性评价结果确定，且不得低于地震动参数区划图规定的数值。《水工建筑物抗震设计规范》规定，甲类的水工建筑物，除按设计地震动加速度进行抗震设计外，应对在遭受场址最大可信地震时，不发生库水失控下泄的灾变安全裕度进行专门研究并提出抗震安全专题报告。

住房城乡建设、交通运输、水利等主管部门组织制定的各专业建设工程抗震设防技术标准，应当与根据地震安全性评价报告所确定的抗震设防要求相衔接，并应当明确规定按照抗震设防要求进行抗震设计的方法和措施。

第二十二条 建设单位和勘察、设计、施工、监理、施工图审查、工程检测、抗震性能鉴定等单位，应当遵守建设工程抗震设防法律、法规和工程建设强制性标准，并依法承担相应责任。

【释义】 本条是关于建设工程各有关责任单位在抗震设防相关工作中应当承担相应责任的规定。

建设工程抗震设防关系到人民群众的生命财产安全，工程抗震是工程质量的重要组成部分，抗震设防质量管理是工程质量管理的重要内容，确保建设工程各方主体在各个环节认真执行国家的相关法律、法规和强制性技术标准，是提高建设工程抗震设防质量的保障。本条旨在重申建设单位和勘察、设计、施工、监理、施工图审查、工程检测、抗震性能鉴定等单位，应当对建设工程抗震设防法律、法规和工程建设强制性标准的强制性和约束力有充分的认识，明确这些是不可逾越的底线。

新建、改建、扩建工程建设的全过程主要涉及建设单位和勘察、设计、施工、监理、施工图审查等单位；除此之外，还涉及建设工程鉴定加固、工程检测和抗震性能鉴定等单位，为避免重复，本条对工程抗震设防所有涉及单位进行了统一表述。

《中华人民共和国标准化法》和《中华人民共和国标准化实施条例》规定：凡保障人民生命财产安全、人身健康、环境和公共利益的标准，法律、行政法规规定强制执行的标准，是强制性标准，其他为推荐性标准。工程建设强制性标准是工程建设技术和经验的总结积累，是工程建设的技术依据，只有满足工程建设强制性标准才能保证质量，才能满足工程对抗震安全等多方面的质量要求，因此必须严格执行。

我国的《中华人民共和国防震减灾法》《建设工程质量管理条例》《建设工程勘察设计管理条例》等法律、法规对建设工程各相关单位应承担的法律责任有明确规定。

《中华人民共和国防震减灾法》第三十八条明确规定："建设单位对建设工程的抗震设计、施工的全过程负责。设计单位应当按照抗震设防要求和工程建设强制性标准进行抗震设计，并对抗震设计的质量以及出具的施工图设计文件的准确性负责。施工单位应当按照施工图设计文件和工程建设强制性标准进行施工，并对施工质量负责。建设单位、施工单位应当选用符合施工图设计文件和国家有关标准规定的材料、构配件和设备。工程监理单位应当按照施工图设计文件和工程建设强制性标准实施监理，并对施工质量承担监理责任。"

《建设工程质量管理条例》对建设单位和勘察设计、施工、监理等相关单位承担的质量责任和义务进行了详细的规定。其中，第十九条规定："勘察、设计单位必须按照工程建设强制性标准进行勘察、设计，并对其勘察、设计的质量负责。"第三十六条规定："工程监理单位应当依照法律、法规以及有关技术标准、设计文件和建设工程承包合同，代表建设单位对施工质量实施监理，并对施工质量承担监理责任。”《山东建设工程勘察设计管理条例》第四十一条规定:“施工图审查机构应当对施工图设计文件中涉及公共利益、公众安全和工程建设强制性标准的内容进行技术性审查。对审查合格的,出具审查合格书;对审查不合格的,应当提出书面意见。”第四十四条规定:“施工图审查机构及其审查人员应当在国家规定的时间内完成建设工程勘察文件、施工图设计文件技术性审查,并对其审查的文件负责。”

同时,相关法律、法规对违反相关内容的行为也明确了法律责任,《建设工程质量管理条例》第四十四条规定:“国务院建设行政主管部门和国务院铁路、交通、水利等有关部门应当加强对有关建设工程质量的法律、法规和强制性标准执行情况的监督检查。”

第二十三条 建设工程勘察文件应当符合勘察深度要求,划分抗震有利地段、一般地段、不利地段和危险地段,确定场地类别,对场地液化判别等地震破坏效应作出评价,提出不良地质地段工程处理建议。

【释义】 本条是关于建设工程编制文件勘察深度的规定。

地震造成建设工程的破坏,除地震动直接引起结构破坏外,还有场地条件的原因,诸如:地震引起的地表错动与地裂、地基土的不均匀沉陷、滑坡、砂土液化等。因此,选择有利于抗震的建设场地,是减轻场地引起的地震灾害的前提和基础。建设工程宜选择抗震有利地段,应避开抗震不利地段。场地地段的划分,是在选择建设场地的勘察阶段进行的,主要根据地震活动情况和工程地震资料进行综合评定。《建筑抗震设计规范》(GB 5011-2010)第 3. 3. 1 条规定:“选择建筑场地时,应根据工程需要和地震活动情况、工程地质和地震地质的有关资料，对抗震有利、一般、不利和危险地段做出综合评价。对不利地段，应提出避开要求；当无法避开时应采取有效的措施。对危险地段，严禁建造甲、乙类的建筑，不应建造丙类的建筑。”其中，严禁在危险地段建造甲、乙类建筑的规定，是由于2008年汶川地震的经验教训而新增的。根据《建筑抗震设计规范》(GB 50011-2010)，有利、一般、不利和危险地段的划分如表2所示。

表2 有利、一般、不利和危险地段的划分

地段类别	地质、地形、地貌
有利地段	稳定基岩，坚硬土，开阔、平坦、密实、均匀的中硬土等
一般地段	不属于有利、不利和危险的地段
不利地段	软弱土，液化土，条状突出的山嘴，高耸孤立的山丘，陡坡，陡坎，河岸和边坡的边缘，平面分布上成因、岩性、状态明显不均匀的土层(含故河道、疏松的断层破碎带、暗埋的塘浜沟谷和半填半挖地基)，高含水量的可塑黄土，地表存在结构性裂缝等
危险地段	地震时可能发生滑坡、崩塌、地陷、地裂、混石流等及发震断裂带上可能发生地表位错的部位

近些年，发生大面积严重液化震例的地区有1995年阪神地震中的大阪湾地区，2010～2011年新西兰系列地震中的海岸城市克赖斯特彻奇，2011年东日本大地震中的东京湾地区等。场地液化的影响因素主要有土层的地质年代、土的组成和密实程度、液化土层的埋深、地下水位深度、地震烈度和持续时间等。在工程勘察过程中，只有采用多种判别方法，才能准确判定液化土的存在与分布，标准贯入试验是目前阶段液化判别的主要手段之一。砂土液化的防治，主要从预防沙土液化的发生和防止或减轻建筑物不均匀沉降两方面入手。预防沙土液化发生的措施包括：合理选择场地，采取振冲、夯实、爆炸、挤密桩等措施提高沙土密度，排水降低沙土空隙水压力，换土，板桩围封等。减轻液化影响的基础和上部

结构处理，可综合采用以下措施：选择合适的基础埋置深度；调整基础底面积，减少基础偏心；加强基础的整体性和刚度，如采用箱基、筏基或钢筋混凝土交叉条形基础，加设基础圈梁等；减轻荷载，增强上部结构的整体刚度和均匀对称性，合理设置沉降缝，避免采用对不均匀沉降敏感的结构形式等；管道穿过建筑处应预留足够尺寸或采用柔性接头等。

其他地震破坏效应还有软土震陷、崩塌、滑坡、地裂缝和泥石流等。

建设工程勘察文件应当符合勘察深度要求，提出场地地段划分有利地段、一般地段、不利地段和危险地段的判定意见，在工程建设初期为项目选址提供依据、确定场地类别，为确定抗震设防要求使用和抗震设计提供依据；应分析场地液化等地震地质灾害，对不良地质地段工程给出处理建议。

本条规定了建设工程勘察文件应当符合相关勘察设计规范的深度要求，通过场地勘察工作，及时发现对抗震设防不利的场地因素，同时给出不良地质地段工程处理措施的建议，为下一步的建设工程设计、施工提供基础资料。

第二十四条 下列建设工程初步设计文件编制完成后，建设单位应当对初步设计文件进行抗震设计专项论证：

（一）重大基础设施工程；

（二）可能发生严重次生灾害的建设工程；

（三）采用没有国家技术标准的新技术、新材料、新结构体系，可能影响抗震安全的建设工程；

（四）国家和省规定需要进行抗震设计专项论证的其他建设工程。

【释义】 本条是关于应当对初步设计文件进行抗震设计专项论证的建设工程的范围的规定。

一、抗震设计专项论证相关规定

2016 年 11 月 17 日，住房和城乡建设部印发了《建筑工程设计文件编制深度规定》(2016 年版)，该规定的 1.0.4 条指出："建筑工程一般应分为方案设计、初步设计和施工图设计三个阶段。"初步设计是依据已批准的可行性研究报告或项目计划任务书而编制的设计文件，是工程的重要组成部分，也是编制施工图设计文件的重要依据。

2015 年 1 月，住房和城乡建设部修订了《市政公用设施抗灾设防管理规定》(住房和城乡建设部令第 1 号)，建立了市政公用设施抗震设防专项论证制度。其第十四条规定："对抗震设防区的下列市政公用设施，建设单位应当在初步设计阶段组织专家进行抗震专项论证：(一)属于《建筑工程抗震设防分类标准》中特殊设防类、重点设防类的市政公用设施；(二)结构复杂或者采用隔震减震措施的大型城镇桥梁和城市轨道交通桥梁，直接作为地面建筑或者桥梁基础以及处于可能液化或者软黏土层的隧道；(三)超过一万平方米的地下停车场等地下工程设施；(四)震后可能发生严重次生灾害的共同沟工程、污水集中处理设施和生活垃圾集中处理设施；(五)超出现行工程建设标准适用范围的市政公用设施。国家或者地方对抗震设防区的市政公用设施还有其他规定的，还应当符合其规定。"

本条主要衔接了《市政公用设施抗灾设防管理规定》第十四条相关内容，将规范性文件调整为地方性法规，将其相关规定法定化。

二、论证的范围

(一)重大基础设施工程是为社会生产、经济发展和民众生活提供基础性公共服务的重大物质工程设施，是用于保证和改善国家或地区社会经济活动的重大公共服务系统，一般承担着地震后救援通道、紧急救治等功能，要求经受地震而使用功能不中断或者能够迅速恢复。可能发生严重次生灾害的建设工程是指受地震破坏后可能引发水灾、火灾、爆炸、剧毒或者强腐蚀性物质大量泄露或者其他严重次生灾害的建设工程。因此，对重大基础设施工程和可能发生严重次生灾害的建设工程，初步设计文件编制完成后，建设单位应当对初步设计文件进行抗震设计专项论证。

（二）市政公用设施的论证范围。依据《市政公用设施抗灾设防管理规定》，住房和城乡建设部组织编制了《市政公用设施抗震设防专项论证技术要点》，分为“室外给水、排水、燃气、热力和生活垃圾处理工程篇”“地下工程篇”“城镇桥梁工程篇”，明确了市政公用设施需要论证的范围，即本《条例》对市政公用设施的建设工程可执行技术要点规定的范围。

（三）本条规定“采用没有国家技术标准的新技术、新材料、新结构体系，可能影响抗震安全的建设工程”，主要依据为《建设工程勘察设计管理条例》第二十九条：“建设工程勘察、设计文件中规定采用的新技术、新材料，可能影响建设工程质量和安全，又没有国家技术标准的，应当由国家认可的检测机构进行试验、论证，出具检测报告，并经国务院有关部门或者省、自治区、直辖市人民政府有关部门组织的建设工程技术专家委员会审定后，方可使用。”同时，衔接了《市政公用设施抗震设防专项论证技术要点》对超出现行工程建设标准适用范围的市政公用设施工程的规定。

这里所说的新技术、新材料，指可能影响建设工程质量和安全、又没有国家技术标准的新技术、新材料。凡对建设工程质量和安全没有影响的新技术、新材料均不在此列。国家技术标准是科技成果和实践经验的反映，是规范建设工程勘察、设计行为和保证建设工程勘察、设计质量的技术法规。但国家技术标准所涉及的范围是有一定限度的，科学技术又是不断发展的，不可能都在国家技术标准中得到及时反映。建设工程设计单位和设计人员在建设工程设计过程中，积极采用新技术、新工艺、新设备、新材料和现代管理方法，不仅有利于设计自身的技术进步，也有利于提高新建、改建、扩建和技术改造项目的技术含量，提高建设项目的投资效益，但是却要为此承担一定的风险。为了大力提倡技术创新，提高建设工程设计单位和设计人员技术创新的积极性，保障社会公众安全和公共利益，本《条例》规定了采用新技术、新材料的建设工程，建设单位应当对初步设计文件进行抗震设计专项论证，这样可以保证采用新技术、新材料的科学性和安全性。对此，国外也有类似的规定。例如，德国的规定是在结构设计审核中，如有超过规范要求的结构设计图纸，需要报送联邦建设部建筑技术中心审批；在设计中如采用没有规范的其他新技术，应当经过州、市建设局特殊批准，并限定在本项目中使用。在建设工程设计文件中采用虽没有国家技术标准，但不会影响建设工程质量和安全的新技术、新材料，不用经过抗震设计专项论证程序，由建设工程设计单位自行判断其成熟性，决定是否采用，并对采用的新技术、新材料承担相应的责任。在科学技术日新月异的新世纪，建设工程设计单位和设计人员应当以科学、严谨、勇于创新的精神，积极采用新技术、新工艺、新设备和新材料，努力提高建设工程设计技术、质量水平，为社会主义现代化建设作出更大贡献。设计采用的新技术、新材料，凡经过规定程序审定的，一旦发生质量事故，如无其他违规违纪行为，建设工程设计单位和设计人员只承担相应的技术质量责任和经济赔偿责任，不承担刑事责任。要尽快建立设计质量保险制度，一方面，这有利于消除建设工程设计单位和设计人员因采用新技术、新材料而承担风险的顾虑，促进设计技术进步；另一方面，即使发生了质量事故，也可以通过保险减少或者免除业主和建设工程设计单位的经济损失。

三、主要论证内容

对市政公用设施工程，主要论证市政公用设施的抗震设防类别、抗震设防烈度及设计地震动参数的采用、场地类别和场地抗震性能、抗震概念设计、抗震设计、抗震及防止次生灾害措施、基础抗震性能等。对有特殊要求的工程，还应当论证其地震应急处置方案和健康监测方案设计，主要依据为《市政公用设施抗震设防专项论证技术要点（室外给水、排水、燃气、热力和生活垃圾处理工程篇）》及《市政公用设施抗震设防专项论证技术要点（地下工程篇）》《市政公用设施抗震设防专项论证技术要点（城镇桥梁篇）》的相关规定。

四、论证责任主体

抗震设计专项论证不是行政许可或行政审批事项，明确规定由建设单位组织相关人员进行抗震设计论证，并对工程的抗震设计负主要责任。论证阶段是在初步设计文件编制完成之后，施工图文件编制开始之前。《市政公用设施抗灾设防管理规定》（住房和城乡建设部令 1 号）规定了抗震设计专项论证的程序、人员组成等内容，其第十六条规定："建设单位组织抗震专项论证时，应当有三名以上国家或者工程所在地的省、自治区、直辖市市政公用设施抗震专项论证专家库成员参加。"住房和城乡建设部已公布了国家市政公用设施抗震设防论证专家库名单，省住房和城乡建设厅已建立了省级市政公用设施抗震设防专项论证专家库名单。

本条的目的在于通过抗震设计专项论证，对这些较为重要的建设工程的抗震性能进行把关，找出薄弱部位，进行针对性补强，从而从制度上保证这些建设工程的抗震性能。

第二十五条 超限建筑工程初步设计文件编制完成后，建设单位应当向省人民政府住房城乡建设主管部门申请抗震设防专项审查；学校、幼儿园、医院、养老院等建设工程设计文件编制完成后，建设单位应当向设区的市人民政府住房城乡建设主管部门申请抗震设防专项审查。未经抗震设防专项审查合格，建设单位不得交付施工。

工业、交通、水利、电力、核电、通信、铁路、民航等专业建设工程的抗震设防专项审查，按照国家有关规定执行。

【释义】 本条是关于建设工程抗震设防专项审查的规定。

工程抗震以预防为主，抗震设计是关键。《中华人民共和国防震减灾法》规定，新建、扩建、改建建设工程，必须达到抗震设防要求。一般建设工程的抗震设防设计，通过执行相关抗震设计规范，进行施工图审查，达到抗震设防要求。但对于一些特殊形式、特殊性质的建设工程，国家规定了更为审慎和严格的抗震设防审查制度，《国务院对确需保留的行政审批项目设定行政许可的决定》（国务院令第 412 号）第 108 项规定，“超限高层建筑工程抗震设防审批，由省级人民政府建设行政主管部门实施”。住房和城乡建设部《超限高层建筑工程抗震设防管理规定》对超限高层建筑工程抗震设防专项审查制度做出了规定。随着社会经济、文化、技术的发展，除了超限高层建筑外，建设工程项目中涌现出了许多造型不规则、结构类型复杂的大型公共建筑，如文化中心、办公楼、客运站、体育场馆等人员密集建筑，直接涉及公共安全等诸多问题。因此，本《条例》规定，“超限建筑工程初步设计文件编制完成后，建设单位应当向省人民政府住房城乡建设主管部门申请抗震设防专项审查”。本条所称“超限建筑工程”，指超出国家现行规范、规程所规定的适用高度和适用结构类型、体型特别不规则以及国家规定应当进行抗震设防专项审查的建筑工程。不仅包括超出国家现行规范、规程所规定的适用高度的建筑工程，也包括适用结构类型、体型特别不规则以及国家规定应当进行抗震专项审查的其他建筑工程。

考虑到学校、幼儿园、医院的特殊性质，有必要设置较普通建筑更为严格的抗震设防审查程序，《山东省建设工程勘察设计管理条例》第三十九条规定：“学校、幼儿园、医院等建筑工程设计文件编制完成后，建设单位应当向设区的市住房城乡建设主管部门申请抗震设防专项审查。”《条例》重申了《山东省建设工程勘察设计管理条例》的规定，同时，考虑到人口老龄化速度不断加剧和传统家庭结构的变迁，我省养老机构快速发展，养老院等建设工程会愈来愈多。鉴于到养老院的特殊性质，此类建筑工程应当与学校、幼儿园建筑工程同样执行更为严格的审查程序。《条例》在立法上有所突破，规定养老院建设工程施工图设计文件编制完成后，应当向设区的市住房城乡建设行政主管部门申请抗震设防专项审查。之所以规定“设计文件编制完成后”，而不是“初步设计文件编制完成后”，是因为有的学校、幼儿园、医院、养老院等建筑工程的规模不大，可不经初步设计，直接进行施工图设计。同样，考虑到此类建筑量大面广，不宜由省里统一进行审查，但又需要保证审查水平和质量，本条规定向设区的市住房城乡建设行政主管部门申请抗震设防专项审查。

抗震设防专项审查与施工图审查有相似的地方，如审查内容和目的有重叠，都要审查有关抗震设计规范和强制性标准的执行情况，保证建筑抗震性能。但两者又有不同，一是审查主体不同，前者由主管部门组织相关专家审查，后者由施工图审查机构负责审查；二是审查侧重和审查深度不同，前者侧重审查工程结构抗震设防设计，对于超限建筑工程超出抗震设计规范和强制性标准的范围，审查内容审查深度更高，后者是对工程涉及公共利益、公众安全、工程建设强制性标准和抗震设防专项审查意见的内容进行全面审查。

本《条例》规定，应当进行抗震设防专项审查，而未经审查或者经审查未通过的，建设单位不得交付施工。建设部发布的《超限高层建筑工程抗震设防管理规定》中规定，勘察单位及设计单位应当严格按照抗震设防专项审查意见进行超限高层建筑工程的勘察、设计。未经超限高层建筑工程抗震设防专项审查建设行政主管部门和其他有关部门批准，不得对超限高层建筑工程施工图设计文件进行审查。施工图设计文件审查时，应当检查设计图纸是否执行了抗震设防专项审查意见，未执行专项审查意见的施工图设计文件审查不予通过。

本条第二款是对本《条例》第二十四条和本条第一款的兜底条款。房屋建筑和市政工程以外的工业、交通、水利、电力、通信等专业建设工程，其主管部门或者行业对抗震设防进行监管的方式并不统一，审查要求、程序等也不尽相同，这些专业建设工程的抗震设防专项审查，应当按照国家有关规定执行。

第二十六条 对进行抗震设计专项论证或者抗震设防专项审查的建设工程，承担施工图审查的机构应当将专项论证意见和专项审查意见落实情况作为施工图设计文件审查的内容。

【释义】 本条是关于施工图设计文件审查的规定。

施工图审查是政府主管部门进行建设工程勘察、设计质量监督管理的重要环节，是基本建设必不可少的程序。《建设工程质量管理条例》中正式确立了我国的施工图设计文件审查制度。建设部《建筑工程施工图设计文件审查暂行办法》(建设〔2000〕41号)对施工图审查的范围、审查的主要内容、审查机构的条件等均作了具体规范。《房屋建筑和市政基础设施工程施工图设计文件审查管理办法》(住建部令第13号)第三条规定:“施工图审查是指施工图审查机构按照有关法律、法规,对施工图涉及公共利益、公众安全和工程建设强制性标准的内容进行的审查。”超限建筑工程、学校、幼儿园、医院、养老院等建设工程的抗震设防专项审查和重大基础设施等建设工程的抗震设计论证,是在建设工程初步设计阶段或设计阶段进行,其审查和论证意见直接作为施工图设计阶段抗震设计的重要依据,属于公众安全的范畴,审查和论证意见的落实情况直接影响建设工程抗震性能。《房屋建筑工程抗震设防管理规定》第十条规定:“新建、扩建、改建房屋建筑工程的抗震设计应当作为施工图审查的重要内容。”《超限高层建筑工程抗震设防管理规定》第十四条规定:“施工图设计文件审查时应当检查设计图纸是否执行了抗震设防专项审查意见;未执行专项审查意见的,施工图设计文件审查不能通过。”

本条规定承担施工图审查的机构应当将专项论证意见和专项审查意见落实情况作为施工图设计文件审查的内容,从而从制度上确保了若要施工图设计文件通过,施工图审查用以指导施工,必须在施工图设计阶段将专项论证意见和专项审查意见落实到位,从而保证了建设工程的抗震性能。

第二十七条 县级以上人民政府应当采取措施,支持减震、隔震技术研究开发和推广应用,鼓励建设单位采用减震、隔震技术,提高建设工程抗震性能。

【释义】 本条是关于县级以上人民政府应当支持减震、隔震技术研究开发和推广应用的规定。

建设工程的抗震设防是一项技术密集型的工作，要求有先进的科学技术作保障，以保证建设工程抗震设防工作的质量，使抗震设防工作适应经济的高速发展。科学技术是第一生产力，采用先进的科学技术、工艺、设备和新型材料，不仅能提高劳动生产率，也能有效地提高建设工程抗震设防的水平。当今时代，科学技术日新月异，在建设工程抗震设防领域，新技术、新工艺、新材料不断涌现，如工程减震、隔震技术、钢结构等。各级人民政府应当采取行之有效的措施，鼓励减震、隔震技术的研究开发和推广应用。

建筑减震技术，也称"结构消能减震技术"，是在结构的某些部位（如支撑、剪力墙、连接缝或连接件）设置耗能装置，通过该装置产生摩擦、弯曲（或剪切、扭转）弹塑性（或黏弹性）滞回变形来耗散或吸收地震输入结构的能量，以减小主体结构的地震反应，从而避免结构产生破坏或倒塌，达到减震控制的目的。在消能减震结构体系中，消能减震（阻尼）装置在主体结构进入非线性状态前先进入工作状态，充分发挥耗能作用，耗散掉输入结构的地震能量，从而减少结构本身需要消耗的地震能量，这意味着结构反应将大大减小，从而有效地保护了主体结构，减轻了结构的破坏程度。

房屋结构的隔震设计是在建筑物基础与上部结构之间设置由隔震器和阻尼器等组成的隔离层，切断或削弱地面运动向上部结构的传递，并提供适当的阻尼，从而使传递到上部结构的地震能量大幅减小。国内外大量工程实践表明，隔震装置可使输入结构的水平地震作用降低约60%。

近年来，随着建筑工程减震、隔震技术研究的不断深入，云南等省份在地震高烈度区开展了工程应用工作，一些应用了减震、隔震技术的工程经受了汶川、芦山等地震的实际考验，保障了人民的生命财产安全，产生了良好的社会效益。实践证明，隔震、减震设计是一种有效减轻地震灾害的技术，能有效减轻地震作用，提升房屋建筑工程抗震设防能力。2014 年 2 月，住房和城乡建设部印发了《关于房屋建筑工程推广应用减隔震技术的若干意见》，明确要求各地、各部门充分认识减震、隔震技术对提升工程抗震水平、推动建筑业技术进步的重要意义，高度重视减震、隔震技术研究和实践成果，有计划、有部署、积极稳妥地推广应用，鼓励采用减隔震技术。

虽然减震、隔震技术相比传统抗震结构有着诸多优势，但是由于减震、隔震技术进入公众视野的时间较短，人们对这些新技术的接受和认可程度还有待提高。因此，本条的目的在于通过政府的支持，促进减震、隔震技术的研究开发，产出性能更好、更稳定、成本更低的产品，为更大规模的实践应用做技术储备，引导人们加深对减震、隔震技术的认识，鼓励建设单位采用新技术，一方面提高建设工程的地震安全性，另一方面节约建筑材料，降低建造成本，为建筑行业绿色发展贡献力量。

第二十八条　减震、隔震工程施工图设计文件应当对减震、隔震装置性能参数以及相应的构造措施、检验检测、施工安装和使用维护提出明确要求。

施工单位应当编制减震、隔震装置安装专项施工方案，并组织论证。监理单位应当制定减震、隔震工程监理细则，并实施旁站监理。

建设单位应当组织对减震、隔震装置安装情况进行专项验收。

【释义】　本条是关于减震、隔震工程设计、施工、监理、建设单位职责的规定。

《住房城乡建设部关于房屋建筑工程推广应用减隔震技术的

若干意见》规定，承担减隔震工程设计任务的单位，应认真比选设计方案，编制减隔震设计专篇，确保结构体系合理，并对减隔震装置的技术性能、施工安装和使用维护提出明确要求，认真做好设计交底和现场服务，配合编制减隔震工程使用说明书。建设单位应当组织有关专家对施工单位编制的减隔震装置及其构造措施专项施工方案进行论证，通过后方可进行安装施工。监理单位应针对工程的具体情况制定监理规划和监理实施细则，减隔震装置安装阶段应根据监理合同的约定内容实施旁站监理。

《减隔震建筑施工图设计文件技术审查要点》（建质函〔2015〕153 号）在对这一条的审查内容要点及说明中提出："1. 说明中应详细列出隔震装置（隔震支座）和消能部件（消能器）的性能参数。2. 说明中应注明隔震装置和消能部件在安装前应按规定进行检测，并应根据产品标准给出检测值的误差限值。应给出产品的总数及检测的数量。3. 设计文件中应注明定期检查及更换要求，如产品维护更换年限、检查的周期、特殊检查条件（过火、强风、中震、大震）、检查要求及合格标准等。4. 隔震装置和消能部件周边一般不再设置永久性结构构件，若设置，施工图纸说明中应注明隔震装置和消能部件周边应留有足够空间以便于检查和替换。"

施工方案指按照科学、经济、合理的原则，正确地确定工程项目的施工顺序和施工方法，选择适用的施工机械，结合建设条件，对施工期限作出的合乎实际的安排，一般包括组织机构方案、人员组成方案、技术方案、安全方案、材料供应方案。正确安装减震、隔震装置，才能使减震、隔震装置按照设计预想的方式发挥作用，保证建设工程抗震性能符合要求。此外，考虑到减震、隔震装置自身的特点，其安装要求如安装精度、操作空间可能与其他构件不同，本条规定"施工单位应当编制减震、隔震装置安装专项施工方案，并组织论证"。

监理实施细则是在监理规划指导下，在落实了各专业的监理责任后，由专业监理工程师针对项目的具体情况制定的更具有实施性和可操作性的业务文件，起着指导监理业务开展的作用。对中型及中型以上项目或者专业性较强、危险性较大的工程项目，项目监理机构应编制工程建设监理实施细则。旁站监理指监理人员在房屋建筑工程施工阶段监理中，对关键部位、关键工序的施工质量实施全过程现场跟班的监督活动。

减震、隔震装置专业性强，《住房城乡建设部关于房屋建筑工程推广应用减隔震技术的若干意见》明确，减隔震装置安装完成后，建设单位应当组织生产厂家、设计单位、施工单位、监理单位进行验收，验收合格后方可进入下一道施工工序。工程竣工后，建设单位应组织施工单位、设计单位、减隔震装置生产厂家，编制减隔震工程使用说明书，并与竣工图同时报有关部门备案。本条规定建设单位应当组织专项验收，在专项验收环节为减震、隔震装置正常工作、保证建设工程抗震性能提供保障。

第二十九条 建设单位组织工程竣工验收时，应当将建设工程执行抗震设防要求和抗震设防技术标准的情况，纳入竣工验收内容。

建设工程不符合抗震设防要求和抗震设防技术标准的，有关部门应当依法责令建设单位停止使用，进行整改，重新组织竣工验收。

【释义】 本条是关于建设单位组应当将建设工程执行抗震设防要求和抗震设防技术标准的情况纳入竣工验收的规定。

一、建设工程的竣工验收，指在建设工程已按照设计要求完成全部施工任务，准备交付给建设单位投入使用时，由建设单位或有关主管部门依照国家关于建设工程竣工验收制度的规定，对该项工程是否合乎设计要求和工程质量标准所进行的检查、考核工作，它是施工全过程的最后一道程序，是建设投资成果转入生产或使用的标志，也是全面考核投资效益，检验设计和施工质量的重要环节。《中华人民共和国建筑法》第六十一条第一款规定："交付竣工验收的建筑工程，必须符合规定的建筑工程质量标准，有完整的工程技术经济资料和经签署的工程保修书，并具备国家规定的其他竣工条件。"上述"规定的建筑工程质量标准"包括依照法律、行政法规的有关规定制定的保证建筑工程质量和安全的强制性国家标准和行业标准，合同约定的对该项建筑工程特殊的质量要求，以及为体现法律、行政法规规定的质量标准和建筑工程承包合同约定的质量要求而在工程设计文件中提出的有关工程质量的具体指标和技术要求。只有完全符合上述质量标准，不存在质量缺陷的建筑工程，才能作为合格工程予以验收。《中华人民共和国防震减灾法》明确规定，新建、改建、扩建建设工程应当达到抗震设防要求，而抗震设防技术标准是建设工程质量标准的重要组成部分。因此，本条规定，建设单位组织工程竣工验收时，应当将建设工程执行抗震设防要求和抗震设防技术标准的情况，纳入竣工验收内容。

二、《中华人民共和国建筑法》第六十一条第二款规定："建筑工程竣工经验收合格后，方可交付使用；未经验收或者验收不合格的，不得交付使用。"2017 年 7 月实施的《山东省房屋建筑和市政工程质量监督管理办法》（省政府令第 308 号）第三十四条第二款规定："工程质量监督机构在竣工验收监督时，发现重点监督内容不符合有关规定的，应当责令建设单位整改并重新组织竣工验收。"据此，本条规定，建设工程不符合抗震设防要求和抗震设防技术标准的，有关部门应当依法责令建设单位停止使用，进行整改，重新组织竣工验收。

第三十条 任何单位和个人不得擅自改变建设工程抗震结构和改动减震、隔震装置等抗震设施，降低建设工程抗震性能。

【释义】 本条是关于保护建设工程抗震结构和减震、隔震装置等抗震设施的规定。

随着我国经济的发展和城乡居民生活条件的改善，房屋建筑的装修和改造活动规模不断扩大，但也出现了某些单位和个人随意拆改影响建筑抗震性能的主体结构和承重结构等，危及建筑工程安全和公民生命财产安全的问题。《建设工程质量管理条例》第十五条规定："涉及建筑主体和承重结构变动的装修工程，建设单位应当在施工前委托原设计单位或者具有相应资质等级的设计单位提出设计方案；没有设计方案的，不得施工。房屋建筑使用者在装修过程中，不得擅自变动房屋建筑主体和承重结构。"《房屋建筑工程抗震设防管理规定》(中华人民共和国建设部令第 148 号)第十一条规定："产权人和使用人不得擅自变动或者破坏房屋建筑抗震构件、隔震装置、减震部件或者地震反应观测系统等抗震设施。"本条中提到的抗震设施，不仅包括未采用减震、隔震技术的传统结构，还应包括减震、隔震工程中除减震、隔震装置以外的对抗震性能有影响的主体结构。具体到构件层面，是指决定结构抗震性能的抗侧力构件，包括剪力墙、竖向支撑、框架柱、框架梁等。加上减震、隔震装置等抗震设施，意在囊括对建设工程抗御地震的能力有贡献的全部构件和设施。本条旨在保护这些构件和设施正常工作，确保其不被擅自改动、破坏，确保建设工程在通过竣工验收后的生产使用阶段中抗震性能不降低。

擅自改变建设工程抗震结构和改动减震、隔震装置等抗震设施，将会降低建设工程抗震性能，产生极大的安全隐患，本条参照了相关法规设置的限制性条款，旨在保护已有建构筑物的抗震安全性能。

第三十一条 县级以上人民政府应当组织实施农村民居地震安全示范工程，引导农村居民建造符合抗震设防要求的住宅。

县（市、区）人民政府住房城乡建设主管部门应当根据国家建筑抗震设计规范和乡村建筑抗震技术规程，加强对乡村建设工程抗震设计、抗震施工的监督管理和技术指导。

农村居民个人自建住宅符合农村民居建筑抗震技术要求的，按照国家和省有关规定享受补贴。

【释义】 本条是关于农村民居建筑抗震设防的规定。

一、农村民居地震安全示范工程指针对我国广大农村地区民居抗震能力薄弱的现状，各级政府组织实施的一项民生工程，其主要任务有：制定农居工程建设规划、加强村镇建设规划和农村建房抗震管理、加强农村民居实用抗震技术研究开发、组织农村建筑工匠防震抗震技术培训、建立农村防震抗震技术服务网络、组织建设农村民居示范工程、加强农村防震减灾宣传教育等。2004 年，针对我国农村民居防震能力薄弱的现状，18 位院士提出启动“地震安全农居工程”的建议，国务院领导对院士的建议给予了充分肯定，并要求地震等相关部门加以研究。在 2004 年国务院召开的全国防震减灾工作会上以及会后下发的《国务院关于加强防震减灾工作的通知》中，党中央、国务院对农村民居地震安全工程提出了明确要求，农村民居地震安全工程在新疆启动。2006年，为及时总结交流经验，积极推进农村民居地震安全工程进展，国务院在新疆组织召开了全国农村民居防震保安工作会议，会后，国务院办公厅转发了地震局和建设部发布的《关于实施农村民居地震安全工程的意见》，明确了实施农村民居地震安全工程的指导思想、工作目标和工作原则，确立了主要任务和保障措施，全面部署了农村民居地震安全工程的实施，农村民居地震安全工程在全国全面铺开。此外，国务院在2006年印发的《国家防震减灾规划》中还将建成农村民居地震安全示范区作为防震减灾“十一五”阶段目标，并确立了主要任务。《规划》的印发明确了农村民居地震安全工程在防震减灾事业中的重要地位。2007年，国务院办公厅转发《地震局、建设部关于实施农村民居地震安全工程意见的通知》，进一步明确了工作要求。2009年5月，新修订的《中华人民共和国防震减灾法》正式施行，特别增加了关于农居抗震的相关制度。2010年，国务院印发了《国务院关于进一步加强防震减灾工作的意见》，明确提出全面加强农村防震保安工作。2010年11月，为认真总结近年来的工作经验，深入分析存在的问题和不足，进一步明确新形势下推进工作的思路和措施，中国地震局在湖北省召开全国地震安全农居工作现场研讨会。2014年，中共中央、国务院印发《关于全面深化农村改革加快推进农业现代化的若干意见》，确定在地震高风险区实施农村民居地震安全工程。多年来，农村民居地震安全工程取得了显著的减灾效益。新疆的农居工程多次经历了6级左右地震的考验，基本实现地震零死亡。在汶川、芦山、岷县漳县等地震中，农村民居抗震安居房无一倒塌，极大保护了人民群众的生命和财产安全。

二、2006年以来，我省也实施了农村民居地震安全工程。省政府办公厅印发了《关于进一步加强农村民居防震保安工作的意见》(鲁政办发〔2006〕100号),从履行政府职责、维护公共安全的角度,强调为农民群众营造安全居住环境,防止因灾致贫、因灾返贫,并将其纳入新农村建设和“平安山东”、“和谐山东”建设的重要内容,确定了指导思想、奋斗目标和基本原则,明确了基本思路和主要任务,制定了主要措施。2007年,省地震局、省建设厅联合印发《山东省农村民居地震安全工程实施方案》(鲁震发〔2007〕100号),进一步确定了总体目标,明确了四个方面的重要任务,制定了四项保障措施,进一步细化了工作程序、具体内容和要求。我省主要开展了以下工作:开展农村民居建筑防震抗震技术指导和服务,编制印发了《山东省农村民居建筑抗震技术导则》《农村房屋建筑抗震技术标准》《农村民居建筑抗震施工指南》《农村民居建筑抗震设计图集》《农村民居建筑防震抗震知识》宣传手册及宣传挂图和光盘,组织开展了农村民居建筑抗震性能调查、农村建筑工匠抗震施工技术培训。除此之外,省地震局还会同省住房和城乡建设厅组织实施了省级农村民居地震安全示范工程。

本条第一款赋予县级以上人民政府组织实施农村民居地震安全示范工程的职责,旨在通过示范工程,以点带面,增强农村居民抗震防灾意识,引导农村居民建造符合抗震设防要求的住宅。

随着城镇化进程的不断加快和社会主义新农村建设的深入推进,乡村建设项目不断增多,投资规模不断增长,工程质量安全事故也日益增多。在实际工作中,我省的乡村建设工程质量安全管理工作存在的问题主要有:(一)具备资质的设计、施工企业参与度低。乡村建设工程的面积较小,很多施工队伍不愿意承接这样的业务,很多乡村建设项目事前没有准备勘察资料,事中也没有设计图纸,很多工程都是由一些临时组建的农民队伍直接施工,难以保证工程质量,工程事故时有发生。(二)正常监管程序缺失。有些建设单位或者个人为了节省建筑成本，无视行业技术规范，偷工减料，使用较为劣质的建筑材料，不履行必要的监管程序，不按照强制性标准施工。由于得不到有效监管，工程项目质量难以得到保证。针对这些问题，在监督管理方面，《山东省乡村建设工程质量安全管理办法》（山东省人民政府令第 301 号）按照工程的性质、规模和对公共安全的影响，将乡村建设工程分为限额以上工程和限额以下工程两类，实施分类监督管理。对于限额以上工程，按照《中华人民共和国建筑法》《建设工程质量管理条例》等上位法规定，实行施工许可证管理，由县级人民政府的住房城乡建设主管部门负责其质量和安全的监督管理工作；对于限额以下工程，实行工程服务协议制度，由乡、镇人民政府（街道办事处）负责其质量和安全的监督管理及服务工作，具体工作可以由其所属的乡村规划建设监督管理机构承担，住房城乡建设主管部门给予指导。在技术指导和服务方面，《山东省乡村建设工程质量安全管理办法》规定，省住房城乡建设主管部门应当组织有关单位编制农民个人自建住宅工程通用标准的设计。县级人民政府住房城乡建设主管部门应当结合本地区实际情况，组织编制农民个人自建住宅推荐设计图集，并加强对乡、镇人民政府及其所属的乡村规划建设监督管理机构的业务指导、人员培训。同时规定，县级人民政府住房城乡建设主管部门和乡、镇人民政府可以通过向社会力量购买服务的方式，将乡村建设工程质量和安全技术性服务等事项，交由具备条件的社会组织、事业单位、企业和机构承担。

本条第二款规定了县（市、区）人民政府住房城乡建设主管部门对乡村建设工程抗震设计、抗震施工的监督管理和技术指导的职责，并明确了监督管理和技术指导的依据。

本条第三款及《山东省乡村建设工程质量安全管理办法》第十二条第三款均规定，农村居民个人自建住宅符合农村民居建筑抗震技术要求的，按照国家和省有关规定享受补贴，主要目的是通过财政资金给予物质奖励的方式，对农民群众建房进行激励，这样容易为农民群众所接受，从而起到示范和带动作用，达到提高农民群众的抗震防灾意识，提高农村民居建筑抗震性能的目的。对本款的执行，各地政府及相关部门应当结合当地实际，因地制宜地制定农村民居建设的补贴政策，列出专项经费，切实让农村民居享受到政策红利。

第三十二条　乡镇人民政府、街道办事处应当推广实行限额以下乡村建设工程服务协议制度。

乡镇人民政府、街道办事处所属的乡村规划建设监督管理机构，应当按照服务协议，为建设单位或者个人提供通用设计图集，进行抗震设防技术指导；建设单位或者个人应当按照设计图纸和技术规定施工，使用符合建设工程质量要求的建筑材料和建筑构件。

乡村规划建设监督管理机构按照服务协议提供服务不得收取任何费用。

本条例所称限额以下乡村建设工程，是指农村居民自建二层以下住宅工程和投资额不足三十万元并且建筑面积不足三百平方米的建设工程，公益事业建设工程除外。

【释义】　本条是关于乡镇人民政府、街道办事处及所属的乡村规划建设监督管理机构、建设单位或者个人对于限额以下乡村建设工程履行管理、服务职责的规定。

本条第四款对“限额以下乡村建设工程”的定义引用自《中华人民共和国建筑法》，与《山东省乡村建设工程质量安全管理办法》是一致的，《办法》第三条第三款规定：“本办法所称限额以下工程，是指农民个人自建2层以下住宅工程和投资额不足30万元且建筑面积不足300平方米的建设工程（不含公益事业建设工程）。”

划定限额，区分限额以上和以下乡村建设工程，是基于分类监督管理的思想。建设部文件《关于加强村镇建设工程质量安全管理的若干意见》（建质〔2004〕216号）指出，要“突出重点，分类指导，创新监督管理方式”。针对限额以下乡村建设工程的特点，转变监督管理思路，以主动提供技术服务的方式代替抗震设防要求监管的某些环节，是既保证建筑工程质量和地震安全，又减轻建设单位和群众的负担的一种行之有效的办法。本条对限额的规定参考了建设部文件《关于加强村镇建设工程质量安全管理的若干意见》，该文件中规定：“对于建制镇、集镇规划区内建设工程投资额30万元以下且建筑面积300平方米以下的市政基础设施、生产性建筑，居民自建两层（含两层）以下住宅和村庄建设规划范围内的农民自建两层（不含两层）以上住宅的建设活动（以下简称限额以下工程）由各省、自治区、直辖市结合本地区的实际，依据本意见‘五’明确的对限额以下工程的指导原则制定相应的管理办法。”另外，《建筑工程施工许可管理办法》（住房和城乡建设部令第18号）第二条第二款规定：“工程投资额在30万元以下或者建筑面积在300平方米以下的建筑工程，可以不申请办理施工许可证。省、自治区、直辖市人民政府住房城乡建设主管部门可以根据当地的实际情况，对限额进行调整，并报国务院住房城乡建设主管部门备案。”

本条第一、二、三款与《山东省乡村建设工程质量安全管理办法》也是一致的，《办法》第十八条规定："建设单位或者个人应当在工程开工前，与乡村规划建设监督管理机构签订工程服务协议，并明确双方的权利和义务。乡村规划建设监督管理机构应当按照协议，为建设单位或者个人提供通用设计图集，指导建设单位或者个人选用合适的设计图纸及其配套基础形式。乡村规划建设监督管理机构提供管理和服务不得收取任何费用。"

对于工程服务协议，《关于加强村镇建设工程质量安全管理的若干意见》指出："建设方在申请建房基地时，应与村镇建设工程管理服务机构签订建房服务协议，协议要明确双方的权利与义务。建房协议可作为村镇建设工程管理服务机构对其工程进行管理的依据。"本条第一款将限额以下乡村建设工程服务协议作为一项制度，列为乡镇人民政府、街道办事处的职责。协议的本质是契约，目的在于明确双方的权利和义务。相比传统的建设方提交材料、监管方审核批准的监管方式，主动服务涉及的环节更多、内容更细。工程服务协议作为主动服务、监管创新的一种方法，可以结合实践中存在的问题不断完善，做到政府监管不缺位、群众办事更方便。

对于抗震设防技术指导，《关于加强村镇建设工程质量安全管理的若干意见》指出："村镇建设工程管理服务机构应指导建设方选用合适的设计通用图及其配套基础形式或联系有关技术人员提供基础设计有偿服务。建房协议可作为村镇建设工程管理服务机构对其工程进行管理的依据。县级建设行政主管部门应对村民自治机构有关人员提供培训服务，并通过发放挂图、基本知识读本等方式宣传推广识图、施工管理方法等基本常识。对限额以下工程和农民自建低层住宅建设方及承建方，在开挖地基、砌筑墙体、安装预制楼板、拌制混凝土、防水层施工、安装拆卸模板、搭拆脚手架等重要工序上进行必要的技术指导。"通用设计图集一般是由技术实力较强的具有相关资质的设计单位，结合当地特点（如建筑材料、风俗习惯等）编制的整套施工图设计文件，相关部门通过政府购买服务的方式或者有奖征集汇集，经过筛选审核，汇集成册。这些图集严格执行抗震设计标准，符合抗震设防要求，是乡村规划建设监督管理主动服务的有力助手。本条规定乡村规划建设监督管理机构按照服务协议提供服务不得收取任何费用，一方面是减轻建设单位或者个人的负担，另一面也降低了服务过程中发生权力寻租等腐败问题的风险。

本条第二款提出“乡镇人民政府、街道办事处所属的乡村规划建设监督管理机构，应当按照服务协议，为建设单位或者个人提供通用设计图集，进行抗震设防技术指导”，相当于在一般建设工程的设计环节进行把控，要求“建设单位或者个人应当按照设计图纸和技术规定施工，使用符合建设工程质量要求的建筑材料和建筑构件”，则是在施工环节予以规范。按照经过审核的设计图纸和相关技术标准规程施工，所使用的建筑材料和设施符合相关要求和规范，对于任何建设工程而言，都是保障质量和安全的必然要求。对建筑结构的抗震性能而言更是如此。抗震性能是一项整体指标，材料强度、构件尺寸、构造措施等任何一个环节或因素达不到设计要求，都有可能不同程度地对建筑结构的地震安全性造成影响。因此，本条对建设单位在施工环节的职责予以明确。《关于加强村镇建设工程质量安全管理的若干意见》指出：“建设方应选择具有设计、施工承包资质的设计、施工企业进行设计、施工，也可依照有资格的建筑师、结构工程师以个人名义设计的图纸和选择有资格的建造师、监理工程师组织的施工队伍或具有劳务资质的施工队伍，并由设计、施工单位或建筑师、建造师、监理工程师分别对设计、施工质量和安全负责。由建设方自行组织施工的，由建设方对工程质量和施工安全负责。建设方应优先考虑选择具有工程技术职称的技术人员和经县级建设行政主管部门培训合格的建筑施工人员。”该文件对建设单位或者个人的要求更加具体。

第三十三条 乡村规划建设监督管理机构应当对限额以下乡村建设工程质量安全进行巡查、抽查，发现未落实抗震设防措施的，应当及时告知建设单位或者个人，并提出整改要求。建设单位或者个人应当按照要求进行整改。

【释义】 本条是关于乡村规划建设监督管理机构应当对限额以下乡村建设工程质量安全进行监督管理的规定。

本条与《山东省乡村建设工程质量安全管理办法》一致，该文件第二十五条规定：“乡村规划建设监督管理机构对巡查、抽查过程中发现的影响建设工程质量或者安全的情形，应当及时告知建设单位或者个人，提出整改要求。”由于限额以下乡村建设工程可以不申请办理施工许可证，并且此类建设工程往往零星分布，与乡镇政府及其所属乡村规划建设监督管理机构有一定的距离，如果建设单位或者个人在开工前没有主动与乡村规划建设监督管理机构签订工程服务协议，寻求技术服务，乡村规划建设监督管理机构可能不能及时了解到该工程已经开工建设。通过巡查的方式可以提高其发现该工程的可能性，以便监管机构及时介入、主动服务。2004年，建设部文件《关于加强村镇建设工程质量安全管理的若干意见》指出：“限额以下建设工程建设方必须取得规划批准文件方可开工，并应在动土施工前到村镇建设工程管理服务机构办理报建备案手续。”随着“放管服”改革的不断深化，尤其是山东省“一次办好”改革的不断推进，“备案”类事前手续正在不断被精简，而对管理部门则提出了加强事中事后监管的新要求。从某种意义上说，巡查环节取代的正是“备案”手续，二者目的是一样的，都是知悉管辖范围内准备开工的限额以下乡村建设工程。所不同的是，“主动备案”是建设单位或者个人应尽的义务，“巡查”则是乡村规划建设监督管理机构承担的职责，让政府相关部门或者机构代替群众“跑腿”，切实减轻建设单位或者个人的负担，有助于进一步释放社会活力。《山东省乡村建设工程质量安全管理办法》第二十一条规定：“乡村规划建设监督管理机构应当对开挖地基、安装预制楼板、拌制混凝土、安装拆卸模板和脚手架等工程施工关键工序进行技术指导和质量安全巡查、抽查。”巡查、抽查是乡村规划建设监督管理机构对限额以下乡村建设工程主动进行技术服务的方式之一，也是抗震设防要求进行事中事后监管的方式之一。通过巡查、抽查，乡村规划建设监督管理机构可以检查钢筋绑扎、混凝土浇筑等对建设工程抗震性能影响较大的环节，确定建筑工程是否按照施工图及相关标准施工，是否将抗震设防要求落实到位。发现未落实抗震设防措施的，乡村规划建设监督管理机构应当及时告知建设单位或者个人，并提出整改要求，而按照整改要求整改，是建设单位或者个人应当承担的义务。

第三十四条 各级人民政府应当支持文化体育、教育医疗等公共建筑和工业建筑、市政基础设施采用钢结构等抗震结构形式，鼓励因地制宜发展钢结构住宅。

【释义】 本条是关于支持钢结构等新材料应用的规定。

地震作用和结构自重及其承担的荷载成正比。钢结构自重轻，需要抗御的地震作用小。材料强度高，结构构件截面尺寸就可以做得比较小，这进一步减轻了结构自重。钢材变形能力强，地震来临时可以发生较大程度的变形而不倒塌。因此，相比钢筋混凝土结构，钢结构是抗震性能更好的一种结构形式。文化体育、工业建筑、市政基础设施中多采用钢结构，如各类体育场馆、大剧院、高铁站、过街人行天桥、高架桥等。钢结构是实现此类大跨结构的常用结构形式，经过精心设计，抗震性能良好。2016 年 11 月，山东省第十二届人民代表大会常务委员会第二十四次会议批准了《莱芜市钢结构建筑应用促进条例》，为钢结构发展提供了法制保障，取得了很好的社会和经济效益。本条鼓励各级人民政府支持钢结构的发展。由于造价、人们通常的认知等因素，相比钢筋混凝土结构，钢结构在建筑工程中所占的比例还比较小。文化体育、教育医疗等公共建筑和市政基础设施一般由政府直接投资或国企事业单位投资建设，如果这些建设工程采用了钢结构等抗震结构形式，一方面可以使得建设工程抗震性能更好，而这些公共设施服务的是人民群众，因此受益的人数将非常可观；另一方面，也起到了示范带头作用，有助于加深人们对钢结构的了解，提高接受和认可程度，从而促进钢结构的推广。

第五章　既有建设工程抗震设防

地震中建设工程的破坏是造成地震灾害的主要原因。1977年,以来建筑抗震鉴定、加固的实践和震害经验表明,对既有建筑工程进行抗震鉴定,并对不满足鉴定要求的建筑采取适当的抗震对策,是减轻地震灾害的重要途径。

本章共7条,是关于既有建设工程抗震设防方面的规定。主要包括既有建设工程抗震安全排查、抗震性能鉴定、抗震加固等方面的规定。

第三十五条　县级以上人民政府应当定期组织开展本行政区域内既有建设工程抗震安全排查,并将排查结果书面告知建设工程所有权人或者管理单位。

县级以上人民政府应当根据当地经济社会发展水平、抗震设防技术标准和抗震安全排查情况,结合旧城改造、棚户区改造、农村危房改造、产业升级改造等,制定实施抗震加固改造工作计划。

【释义】　本条是关于县级以上人民政府组织开展既有建设工程抗震安全排查并制定实施抗震加固改造工作的规定。

本章所称既有建设工程，指已经建成并投入使用的建设工程。随着我国城镇化水平的不断提高，相比“增量”的新建建设工程，“存量”的既有建设工程数量更多，分布更广，受影响的人民群众更多、财产金额更大，且时间跨度更长，情况更加复杂。因此，既有建设工程抗震设防应引起更多重视。

抗震安全排查是县级以上人民政府对本行政区域内既有建设工程抗震性能进行摸底的有效途径。既有建设工程抗震设防安全方面存在的主要问题有：（一）建设单位或者个人对地震风险认识不深，对建设工程抗震设防认识不足，不够重视，造成既有建设工程抗震能力不足。（二）随着经济社会发展、科技进步和发震机制、工程抗震等领域研究的深入，抗震设防要求不断提高、相关标准不断完善，既有建设工程已不能满足当前抗震设防的需要。（三）建设工程在施工环节因工程材料、施工人员技能水平、政府部门监管等因素而出现的问题。（四）在工程建设完成并投入使用后，产权单位或者个人对维护重视不足、投入不够。在很多城市的老城区都存在不少年久失修的房子，外墙开裂、砖缝中砂浆所剩无几的现象很普遍。建筑材料性能劣化是不可抗力，尤其是室外环境下，温度、湿度变化剧烈，材料性能劣化速度会加快，这无疑会降低建筑结构抗震性能。（五）房屋使用功能发生改变，需要改造或者进行装修时，也经常出现不经正规设计就破坏结构构件的情况。综上，只有对既有建设工程进行抗震安全排查，才能找出隐患点和风险点，为抗震加固提供基础。

既有建设工程的所有权人或者管理单位是建设工程安全的责任主体，所以本条规定将既有建设工程抗震安全排查结果书面告知建设工程所有权人或者管理单位，由所有权人或者管理单位选择加固等方式，以使建设工程达到抗震设防要求。

一般而言，由于种种原因导致不符合抗震设防要求的既有建设工程，其存在的问题是多方面的，针对即有建设工程的抗震排查、鉴定和加固改造是一个过程，不是一蹴而就的。因此本条规定，在摸清了本行政区域内的既有建设工程抗震安全基本情况后，县级以上人民政府应当根据当地经济社会发展水平、抗震设防技术标准，结合旧城改造、棚户区改造、农村危房改造、产业升级改造等有利机会，制定、实施抗震加固改造工作计划，逐步消除抗震不安全因素。

第三十六条 下列既有建设工程所有权人或者管理单位应当按照国家和省有关规定对建设工程进行抗震性能鉴定：

（一）《中华人民共和国防震减灾法》规定需要进行抗震性能鉴定的建设工程；

（二）达到设计使用年限需要继续使用的建设工程；

（三）改变原设计使用功能，可能对抗震性能要求有影响的建设工程；

（四）存在明显抗震安全隐患的建设工程；

（五）其他法律、法规规定需要进行抗震性能鉴定的建设工程。

【释义】 本条是关于应当进行抗震性能鉴定的既有建设工程的范围的规定。

抗震性能鉴定是通过检查现有建筑物和构筑物的设计、施工质量和维护保养现状，按规定的抗震设防要求，对其在地震作用下的安全性进行评估。我国的抗震鉴定、加固的实践和震害经验表明，对现有建筑物和构筑物进行抗震鉴定，并对不符合鉴定要求的建筑物和构筑物的某些薄弱环节采取必要的加固措施，是减轻地震灾害的重要途径。建设工程所有权人或者管理单位对建设工程抗震设防安全负有主体责任，因此，建设工程所有权人或者管理单位应当组织抗震性能鉴定工作。

一、《中华人民共和国防震减灾法》关于抗震鉴定的规定

《中华人民共和国防震减灾法》第三十九条规定："已经建成的下列建设工程，未采取抗震设防措施或者抗震设防措施未达到抗震设防要求的，应当按照国家有关规定进行抗震性能鉴定，并采取必要的抗震加固措施：（一）重大建设工程；（二）可能发生严重次生灾害的建设工程；（三）具有重大历史、科学、艺术价值或者重要纪念意义的建设工程；（四）学校、医院等人员密集场所的建设工程；（五）地震重点监视防御区内的建设工程。"

二、达到设计使用年限需要继续使用的建设工程

《建设工程质量管理条例》第二十一条第二款规定："设计文件应当符合国家规定的设计深度要求，注明工程合理使用年限。"第四十二条规定："建设工程在超过合理使用年限后需要继续使用的，产权所有人应当委托具有相应资质等级的勘察、设计单位鉴定，并根据鉴定结果采取加固、维修等措施，重新界定使用期。"《建筑结构可靠度设计统一标准》明确："设计使用年限是设计规定的一个时期，在这一规定的时期内，只需要进行正常的维护而不需进行大修就能按预期目的使用，完成预定的功能，即房屋建筑在正常设计、正常施工、正常使用和维护下所应达到的使用年限。"临时性结构的设计使用年限为 5 年，易于替换的结构构件的设计使用年限为 25 年，普通房屋和构筑物的设计使用年限为 50 年，纪念性建筑和特别重要的建筑结构的设计使用年限为 100 年。设计文件必须注明工程合理使用年限。确定建设项目的设计使用年限，并不意味着超过设计使用年限后，工程就一定报废拆除。抗震鉴定是

建设工程鉴定的一项重要内容，经过鉴定加固后，建设工程仍可继续使用。

三、改变原设计使用功能的建设工程

改变原设计使用功能对建设工程抗震性能要求造成影响的情况有以下几类：(一)使用功能改变导致建设工程抗震设防类别提高，这种情况在《条例》第三十九条会进行更为详细的解释。(二)改变原设计使用功能需要破坏现有的抗震结构构件，会影响建设工程的抗震性能，需要进行鉴定。(三)改变原设计使用功能需要改变隔墙等非结构构件。例如办公楼改作宾馆，则大空间需要隔墙，分隔成许多小房间。由于隔音、防水等要求使得隔墙不能太薄，从而具有一定的面内刚度。在现行的结构设计方法和程序中，一般将框架结构、剪力墙结构等结构形式中的填充墙作为荷载，其对结构刚度的贡献采取将结构周期折减的方式来考虑，隔墙大面积改动后结构的抗震性能势必会发生一定程度的改变，因此需要对其进行鉴定。(四)改变原设计使用功能造成荷载增大。如办公楼改作档案库房，荷载大幅增加，需要对改变后的结构能否抗御增大了的地震作用作出鉴定。

四、存在明显抗震安全隐患的建设工程

由于社会经济状况、抗震技术水平、建设工程质量监管手段等因素的限制，在某段时期，出现了不符合抗震设防技术标准的工程，或者达到当时的抗震设防技术标准，但在使用过程中遭遇特殊环境的建设工程。如建设工程遭受洪水、爆炸等恶劣环境冲击，虽然未达到设计使用年限，仍出现了地基沉降、主体结构开裂、钢结构变形严重等情况，明显对抗震安全造成影响，必须进行抗震性能鉴定，并依据鉴定结果制定进一步的工作计划。

五、其他法律、法规规定需要进行抗震鉴定的建设工程

这是一项兜底条款，涉及建设工程抗震性能鉴定的法律、法

规较多,针对铁路、水利、民航、工业、通信、核电等专业的工程,有不同的法律、法规、技术标准,此条是为避免列举不尽造成遗漏。

需要进行抗震性能鉴定的建筑物、构筑物,进行抗震性能鉴定的条件是“已经建成的”,而且是“未采取抗震设防措施或者抗震设防未达到抗震设防要求的”,对于未建成的或者正在建的建筑物、构筑物的抗震设防,应当根据相关规定进行抗震设防。对于已经建成的属于需要进行抗震性能监督的五类建筑物、构筑物,如果已经采取了抗震设防措施并达到抗震设防要求,也不需要根据该条进行抗震性能鉴定,除非法律另有规定。重大工程对国民经济起着举足轻重的作用,确保这一类工程满足抗震设防要求,对预防地震破坏、减少地震损失具有全局意义,必须给予高度重视。对已建成的重大建设工程的建筑物和构筑物,凡未采取抗震设防措施或者抗震措施未达到抗震设防要求的,应该进行抗震性能鉴定,并且应当按照专门的规定进行。对于已建的可能发生严重次生灾害的建筑物、构筑物,凡未采取抗震设防措施或者抗震设防措施未达到抗震设防要求的,应通过抗震性能鉴定,并采取必要加固措施,使其达到相应的抗震设防要求。具有重大历史、科学、艺术价值或者重要纪念意义的建筑物、构筑物是宝贵的文化遗产,这些建筑物、构筑物由于使用时间长,存在着木材腐蚀、虫蛀、钢筋锈蚀、混凝土碳化等现象,抵御强震的能力不足,如果在地震中被破坏,可能带来无法挽回的损失,应予足够的重视。学校、医院等人员密集场所的建筑物一旦破坏、倒塌,将造成惨重的人员伤亡。地震重点监视防御区是指未来十年内,存在发生破坏性地震危险或者受破坏性地震影响,可能造成严重地震灾害损失的城市和地区。地震重点监视防御区是我国防震减灾工作的重点地区,对其中未采取抗震设防措施或者抗震设防措施没达到抗震设防要求的建筑物、构筑物，包括一般工业与民用建筑，按国家有关规定进行抗震性能鉴定和进行必要的加固是减轻地震灾害的有效手段。

《建筑抗震鉴定标准》(GB 50023-2009)第1.0.6条规定："下列情况下，现有建筑应进行抗震鉴定：1.接近或超过设计使用年限需要继续使用的建筑。2.原设计未考虑抗震设防或抗震设防要求提高的建筑。3.需要改变结构的用途和使用环境的建筑。4.其他有必要进行抗震鉴定的建筑。"《构筑物抗震鉴定标准》(GB 50117-2014)第3.0.5条规定："属于下列情况之一的现有构筑物，应进行抗震鉴定：1.达到和超过设计使用年限并需继续使用的构筑物。2.未按抗震设防标准设计或建成后所在地区抗震设防要求提高的构筑物。3.改建、扩建或改变原设计条件的构筑物。"本条关于应当进行抗震性能鉴定的既有建设工程范围的规定，也与上述抗震性能监督的标准进行了衔接。

第三十七条　建设工程所有权人或者管理单位应当委托具有相应资质等级的勘察、设计单位进行抗震性能鉴定；需要进行实体检测的，应当由具有资质的工程质量检测机构进行检测。

经鉴定需要进行抗震加固或者拆除的建设工程，鉴定单位应当将鉴定结论报建设工程所在地县级以上人民政府住房城乡建设或者交通运输、水利等有关主管部门备案。

【释义】　本条是关于建设工程抗震性能鉴定的规定。

抗震性能鉴定是一项专业性较强的工作，对从业人员和仪器设备等都有一定的要求，《建设工程质量管理条例》第四十二条规定:“建设工程在超过合理使用年限后需要继续使用的,产权所有人应当委托具有相应资质等级的勘察、设计单位鉴定,并根据鉴定结果采取加固、维修等措施,重新界定使用期。”抗震性能鉴定属于建设工程质量鉴定的重要内容,据此,规定建设工程所有权人或者管理单位应当委托具有相应资质等级的勘察、设计单位进行抗震性能鉴定。

有些指标如混凝土强度、钢筋配置(特别是图纸丢失或者不全的情况下)、地基承载力等,需要对建设工程进行实体检测。实体检测一般需要专门的设备,特别是有些建设工程所有权人或者管理单位要求检测尽可能不要破坏原有结构,即无损检测,这就对检测方法和设备提出了更高的要求。具有资质的工程质量检测机构,可认为具有完成该项工作的能力,出具的检测报告是准确的。

建设工程所有权人或者管理单位是建设工程抗震设防安全的主体责任人和抗震性能鉴定的出资人,因此鉴定单位应当将检测结果报给建设工程所有权人或者管理单位。但是,建设工程抗震设防安全影响到的不仅仅是建设工程所有权人或者管理单位,还影响附近群众的人身财产安全、震后应急救援等。因此,对相应类别建设工程的抗震设防安全负有监督管理责任的所在地县级以上人民政府住房和城乡建设或者交通运输、水利等有关主管部门,也应当知晓抗震性能鉴定结果,并据此检查相应建设工程所有权人或者管理单位的抗震加固或者拆除工作的进展,防止出现建设工程应当进行抗震加固或者拆除而所有权人或者管理单位瞒报的情况。

第三十八条 建设工程所有权人或者管理单位应当按照抗震性能鉴定结论对建设工程进行抗震加固或者拆除。

实施建设工程抗震安全排查、抗震性能鉴定和抗震加固，应当符合工程建设抗震设防技术标准。建设工程抗震加固有关结构形式或者技术未纳入现行工程建设抗震技术标准的，建设单位应当组织进行抗震设计专项论证。

经过抗震加固的建设工程，由加固设计单位按照规定重新界定使用期。

【释义】 本条是关于抗震加固的规定。

经抗震性能鉴定，需要进行抗震加固或者拆除的建设工程，其所有权人或者管理单位应当对其进行抗震加固或者拆除。

在建设工程抗震安全排查、抗震性能鉴定和抗震加固环节，相关技术标准也在不断完善。已经颁布出台的标准有《建筑抗震鉴定标准》《构筑物抗震鉴定标准》《石油化工设备抗震鉴定标准》《电气设施抗震鉴定技术标准》《建筑抗震加固技术规程》《现有建筑抗震鉴定与加固规程》《铁路桥梁抗震鉴定与加固技术规范》等。只有将这些标准落实到位，才能从抗震安全排查、抗震性能鉴定和抗震加固环节保障既有建设工程的抗震设防安全。

随着科学技术的发展，新材料、新技术、新方法不断应用到建设工程抗震加固的实践中，《建设工程勘察设计管理条例》第二十九条规定："建设工程勘察、设计文件中规定采用的新技术、新材料，可能影响建设工程质量和安全，又没有国家技术标准的，应当由国家认可的检测机构进行试验、论证，出具检测报告，并经国务院有关部门或者省、自治区、直辖市人民政府有关部门组织的建设工程技术专家委员会审定后，方可使用。”建设工程抗震加固的结构形式或者加固技术，影响建设工程的质量和安全，因此，本条规定建设工程抗震加固有关结构形式或者技术未纳入现行建设工程抗震技术标准的，建设单位应当组织进行抗震设计专项论证。

《建设工程质量管理条例》第四十二条规定：“建设工程在超过合理使用年限后需要继续使用的，产权所有人应当委托具有相应资质等级的勘察、设计单位鉴定，并根据鉴定结果采取加固、维修等措施，重新界定使用期。”《建筑抗震鉴定标准》第 1.0.4 条规定：“现有建筑应根据实际需要和可能，按下列规定选择其后续使用年限：1. 在 70 年代及以前建造经耐久性鉴定可继续使用的现有建筑，其后续使用年限不应少于 30 年；在 80 年代建造的现有建筑，宜采用 40 年或更长，且不得少于 30 年。2. 在 90 年代（按当时施行的抗震设计规范系列设计）建造的现有建筑，后续使用年限不宜少于 40 年，条件许可时应采用 50 年。3. 在 2001 年以后（按当时施行的抗震设计规范系列设计）建造的现有建筑，后续使用年限宜采用 50 年。”本条规定经过抗震加固的建设工程，由加固设计单位按照规定重新界定使用期。

第三十九条 建设工程因改变使用功能需要提高抗震设防类别，或者因装修改造涉及抗震结构、承重构件的，其所有权人或者管理单位应当依法委托原设计单位或者具有相应资质等级的设计单位进行抗震加固设计，并报承担施工图审查的机构审查。未经审查合格的抗震加固设计图纸，不得用于施工。

【释义】 本条是关于因改变使用功能需要提高抗震设防类别，或者因装修改造涉及抗震结构、承重构件的建设工程应当进行抗震加固设计的规定。

对建设工程抗震设防类别的划分及相应的要求，相应的规范中有明确的规定。

建筑工程方面，《建筑抗震设防分类标准》(GB 50223-2008)第2.0.1条对抗震设防分类的定义作出了解释："根据建筑遭遇地震破坏后，可能造成人员伤亡、直接和间接经济损失、社会影响的程度及其在抗震救灾中的作用等因素，对各类建筑所做的设防类别划分。"第3.0.2条规定："建筑工程应分为以下四个抗震设防类别：1.特殊设防类：指使用上有特殊设施，涉及国家公共安全的重大建筑工程和地震时可能发生严重次生灾害等特别重大灾害后果，需要进行特殊设防的建筑。简称甲类。2.重点设防类：指地震时使用功能不能中断或需尽快恢复的生命线相关建筑，以及地震时可能导致大量人员伤亡等重大灾害后果，需要提高设防标准的建筑。简称乙类。3.标准设防类：指大量的除1、2、4款以外按标准要求进行设防的建筑。简称丙类。4.适度设防类：指使用上人员稀少且震损不致产生次生灾害，允许在一定条件下适度降低要求的建筑。简称丁类。"第3.0.3条规定："各抗震设防类别建筑的抗震设防标准，应符合下列要求：1.标准设防类，应按本地区抗震设防烈度确定其抗震措施和地震作用，达到在遭遇高于当地抗震设防烈度的预估罕遇地震影响时不致倒塌或发生危及生命安全的严重破坏的抗震设防目标。2.重点设防类，应按高于本地区抗震设防烈度一度的要求加强其抗震措施；但抗震设防烈度为9度时应按比9度更高的要求采取抗震措施；地基基础的抗震措施，应符合有关规定。同时，应按本地区抗震设防烈度确定其地震作用。3.特殊设防类，应按高于本地区抗震设防烈度提高一度的要求加强其抗震措施;但抗震设防烈度为9度时应按比9度更高的要求采取抗震措施。同时,应按批准的地震安全性评价的结果且高于本地区抗震设防烈度的要求确定其地震作用。4.适度设防类,允许比本地区抗震设防烈度的要求适当降低其抗震措施,但抗震设防烈度为6度时不应降低。一般情况下,仍应按本地区抗震设防烈度确定其地震作用。(注:对于划为重点设防类而规模很小的工业建筑,当改用抗震性能较好的材料且符合抗震设计规范对结构体系的要求时,允许按标准设防类设防。)”

通信建筑方面,《通信建筑抗震设防分类标准》(YD 5054-2010)第2.0.1条也对抗震设防分类的定义作出了解释,与《建筑抗震设防分类标准》中的解释相同。该标准第3.0.1条规定:“通信建筑工程应分为以下三个抗震设防类别:1.特殊设防类,指使用上有特殊设施,涉及国家公共安全的重大通信建筑工程和地震时使用功能不能中断,可能发生严重次生灾害等特别重大灾害后果,需要进行特殊设防的通信建筑。简称甲类①。2.重点设防类,指地震时使用功能不能中断或需尽快恢复的通信建筑,以及地震时可能导致大量人员伤亡等重大灾害后果,需要提高设防标准的通信建筑。简称乙类②。3.标准设防类,指除1、2款以外按标准要求进行设防的通信建筑。简称丙类③。”第4.0.1条规定:“各抗震设防类别通信建筑的抗震设防标准,应符合下列要求:1.标准设防类,应按本地区抗震设防烈度确定其抗震措施和地震作用,达到在遭遇高于当地抗震设防烈度的预估罕遇地震影响时不致倒塌或发

① 包括国际出入口局、国际无线电台,国际卫星通信地球站,国际海缆登陆站。

② 包括省中心及省中心以上通信枢纽楼,长途传输干线局站,国内卫星通信地球站,本地网通信枢纽楼及通信生产楼,应急通信用房,承担特殊重要任务的通信局,客户服务中心。

③ 包括甲、乙类以外的通信生产用房。

生危及生命安全的严重破坏的抗震设防目标。2.重点设防类，应按高于本地区抗震设防烈度一度的要求加强其抗震措施；但抗震设防烈度为9度时应按比9度更高的要求采取抗震措施；地基基础的抗震措施，应符合有关规定。同时，应按本地区抗震设防烈度确定其地震作用。对于划为重点设防类而规模很小的通信建筑，当改用抗震性能较好的材料且符合抗震设计规范对结构体系的要求时，允许按标准设防类设防。3.特殊设防类，应按高于本地区抗震设防烈度提高一度的要求加强其抗震措施；但抗震设防烈度为9度时应按比9度更高的要求采取抗震措施。同时，应按批准的地震安全性评价的结果且高于本地区抗震设防烈度的要求确定其地震作用。”

化工建设工程方面，《化学工业建(构)筑物抗震设防分类标准》(GB 50914-2013)第2.0.1条对抗震设防分类的定义作出了解释：“根据化学工业建(构)筑物遭遇地震破坏后，可能引起次生灾害或可能造成的人员伤亡、直接和间接经济损失和社会影响的程度及其在抗震救灾中的作用等因素，对各类化学工业建(构)筑物所做的抗震设防类别划分。”第3.0.2条规定：“化学工业建(构)筑物抗震设防类别分类应符合下列规定：1.使用上有特殊重要的功能，地震时可能发生严重次生灾害等特别重大灾害后果，需要进行特殊设防的建(构)筑物，应为特殊设防类，简称甲类。2.地震时使用功能不能中断或需尽快恢复的生命线相关建(构)筑物，以及地震时可能导致发生较严重次生灾害，造成大量人员伤亡等重大灾害后果，需要提高设防标准的重要建(构)筑物，应为重点设防类1等，简称乙1类。企业中的主要生产建(构)筑物以及对正常运行起关键作用的建(构)筑物，地震破坏后可能发生相对较小的次生灾害，或规模相对较小的主要生产建(构)筑物，应为重点设防类2等，简称乙2类。3.除本条第1、2、4款外按标准要求进行设防的建(构)筑物,应为标准设防类,简称丙类。4.使用时人员稀少且震害损失及影响较小,允许在一定条件下适度降低要求的建(构)筑物,应为适度设防类,简称丁类。”第3.0.3条规定:“各抗震设防类别的化学工业建(构)筑物的抗震设防标准,应符合下列规定:1.特殊设防类,应按高于本地区抗震设防烈度一度的要求加强其抗震措施;但抗震设防烈度为9度时应按比9度更高的要求采取抗震措施。同时,应按批准的地震安全性评价的结果且高于本地区抗震设防烈度的要求确定其地震作用。2.重点设防类1等,地震作用应按本地区抗震设防烈度确定。应按高于本地区抗震设防烈度一度的要求加强其抗震措施;但抗震设防烈度为9度时应按比9度更高的要求采取抗震措施。3.重点设防类2等,地震作用应按本地区抗震设防烈度确定。当采用抗震性能优良的结构体系及材料时,抗震措施应按本地区抗震设防烈度确定;当不能采用抗震性能优良的结构体系及材料时,应按重点设防类1等采取抗震措施。4.标准设防类,应按本地区抗震设防烈度确定其地震作用和抗震措施。5.适度设防类,应按本地区抗震设防烈度确定其地震作用。当抗震设防烈度为7度～9度时,抗震措施允许比本地区抗震设防烈度的要求适当降低,抗震设防烈度为6度时不应降低。”

其他领域建设工程的抗震设防分类不再罗列。

可见,不同领域的建设工程,抗震设防类别的划分思路及抗震设防标准的要求基本相同。本条提到的“建设工程因改变使用功能需要提高抗震设防类别”的情况,在实践中并不少见。例如,某房屋建筑原来是村委会办公用房,属于标准设防类,后改为小学教学用房,属于重点设防类,那么该房屋建筑因使用功能改变就需要提高抗震设防类别。

抗震设防类别提高了,建设工程的地震作用或者抗震措施也需要相应提高,即“需求”发生了改变。因装修改造涉及抗震结构、承重构件，例如为了获得大空间需要砸掉某片墙体等，会影响到建设工程的抗力，可以理解为“供给”发生了改变。原有设计保证了一定概率情况下“供给”大于等于“需求”，现在“需求”、“供给”一侧或者两侧发生了改变，重新设计是必不可少的。《房屋建筑工程抗震设防管理规定》第十六条规定：“已按工程建设标准进行抗震设计或抗震加固的房屋建筑工程在合理使用年限内，因各种人为因素使房屋建筑工程抗震能力受损的，或者因改变原设计使用性质，导致荷载增加或需提高抗震设防类别的，产权人应当委托有相应资质的单位进行抗震验算、修复或加固。需要进行工程检测的，应由委托具有相应资质的单位进行检测。”因此，所有权人或者管理单位应当委托具有相应资质等级的设计单位进行抗震加固设计，原设计单位对建设工程的情况最为熟悉，也是比较好的选择。

为确保施工图设计文件符合相关标准的要求，在交付施工前应经过相应机构审查。未经审查合格的抗震加固设计图纸，不得用于施工。

第四十条 建设工程抗震性能鉴定、抗震加固费用由其所有权人或者管理单位承担。

公益事业、农村危房改造等建设工程抗震性能鉴定、抗震加固费用，由财政部门按照规定予以支持。

【释义】 本条是关于建设工程抗震性能鉴定、抗震加固费用来源的规定。

《房屋建筑工程抗震设防管理规定》第十五条规定：“房屋建筑工程的抗震鉴定、抗震加固费用，由产权人承担。”建设工程所有权人或者管理单位，作为建设工程抗震设防安全的主体责任人，应当承担建设工程抗震性能鉴定、抗震加固所需要的费用。

《中华人民共和国公益事业捐赠法》第三条规定:“本法所称公益事业是指非营利的下列事项:(一)救助灾害、救济贫困、扶助残疾人等困难的社会群体和个人的活动;(二)教育、科学、文化、卫生、体育事业;(三)环境保护、社会公共设施建设;(四)促进社会发展和进步的其他社会公共和福利事业。”公益事业不以营利为目的,其建造、维护费用一般由财政承担,因此,公益事业建设工程的抗震性能鉴定、抗震加固费用,应当由财政部门按照规定予以支持。

由于城乡发展的不平衡,受制于经济条件等原因,在我国农村地区仍有大量的农村危房存在,因为建房的年限太长,又没有很好的保养,经过长时间的损耗,农村住房很容易成为危房,严重威胁人民群众的生命和财产安全。为解决人民群众居住安全问题,近年来,党中央、国务院在全国范围内开展农村危房改造工作,统筹开展农房抗震改造。党的十八大以来,全国累计安排补助资金1625亿元,支持了1659万户贫困农户改造危房。在农村危房改造过程中,房屋的抗震设防是一个重要方面,根据农村危房的不同情况,全国各地分别采取了拆除重建、加固改造等方式对农村危房进行改造,提高其抗震性能,改善了人民群众的居住条件。事实证明,改造后农房抗震性能显著提升,新疆、四川等地农村的抗震农居多次在强震中经受了考验,保护了人民群众的生命和财产安全。为推进危房改造工作顺利开展,国家、省、市等各级政府都安排专项资金,支持危房改造工作。《中央农村危房改造补助资金管理暂行办法》第十一条规定:“中央农村危房改造补助资金用途为,符合《住房城乡建设部关于印发〈农村危险房屋鉴定技术导则(试行)〉的通知》(建村函〔2009〕69号)等有关文件规定的农村危房翻建、新建和修缮加固等支出,以及农村危房改造建筑节能示范户节能建筑材料购置、节能技术使用、取暖方式改进以及可再生能源利用等方面的支出。”因此，对农村危房改造所需的抗震性能鉴定、抗震加固费用，各级财政部门应当按照有关规定予以支持。

第四十一条 县级以上人民政府应当采取措施，加强对既有建设工程抗震性能鉴定和抗震加固工作的监督检查。

县级以上人民政府住房城乡建设主管部门应当督促有关房屋建筑所有权人或者管理单位，按照抗震性能鉴定结论进行抗震加固或者拆除。

工业、交通、水利、电力、核电、通信、铁路、民航等专业建设工程的抗震安全排查和抗震性能鉴定、抗震加固，按照国家有关规定执行。

【释义】 本条是关于县级以上人民政府及相关行业、部门对既有建设工程抗震性能鉴定和抗震加固工作职责的规定。

本《条例》第五条规定“县级以上人民政府应当加强对建设工程抗震设防工作的领导”，本条第一款是对该规定在既有建设工程抗震性能鉴定和抗震加固方面的细化。既有建设工程的产权所有人或者管理单位，有些存在“能用就行”“没坏不修”的思想，尤其是对既有建设工程抗震性能这种不发生地震就很难体现出投资价值的方面，重视程度和出资意愿就更低。如果单纯依靠市场调节，依靠产权所有人或者管理单位自主自愿，进行抗震性能鉴定和抗震加固工作的既有建设工程数量可能会很有限，抗震设防安全无法得到全面保证。因此，作为社会的管理者，县级以上人民政府应当采取措施，加强对既有建设工程抗震性能鉴定和抗震加固工作的监督检查。

将建设工程抗震性能鉴定、抗震加固等方面的工作，按照类别不同分不同部门、行业进行监管，体现了本《条例》第四条提出的“建设工程抗震设防工作应当坚持以人为本、预防为主、城乡并重、分类监督的原则”中的“分类监督”原则，关于“分类监督”原则的论述见本《条例》第四条的释义。本条例第六条第二款规定“县级以上人民政府住房城乡建设主管部门负责房屋建筑和市政工程抗震设防的监督管理工作；经济和信息化、交通运输、水利、电力、通信、铁路、民航等行业主管部门和单位按照职责分工，负责相关专业建设工程抗震设防的监督管理工作”，本条第二、三款是对该规定在既有建设工程抗震性能鉴定和抗震加固方面的细化。工业、交通、水利、电力、核电、通信、铁路、民航等专业建设工程的专业性强，因此，其抗震安全排查和抗震性能鉴定、抗震加固，需要依据相应的国家规定和国家标准、行业标准执行。

第六章　法律责任

本章为法律责任的相关规定，共5条，主要对建设工程各参与主体在建设工程抗震设防管理各环节中违反强制性条款的有关行为需承担的法律责任作出了相应规定。

> **第四十二条**　违反本条例规定，建设工程未依法进行地震安全性评价或者未按照地震安全性评价报告所确定的抗震设防要求进行抗震设防的，由县级以上人民政府地震工作主管部门责令建设单位限期改正；逾期不改正的，处三万元以上三十万元以下的罚款。

【释义】　本条是关于建设工程不依法开展地震安全性评价或者未按照地震安全性评价报告所确定的抗震设防要求承担抗震设防所应承担的法律责任的规定。

一、法律责任指相关主体因不履行或不完全履行法定义务，或者侵犯他人的法定权利，而应当承担的由国家机关依法确认并强制其承受的法定的不利后果。根据违法行为所违反的法律关系的性质，可以分为行政法律责任、刑事法律责任和民事法律责任。

(一)行政法律责任。指法律规定的行政法律关系主体违反行政法律规范,损害行政法保护的个人、组织的合法权益或国家社会公益所应承担的法律责任。行政法律关系主体包括国家行政机关及其工作人员和行政管理相对人。行政法律责任的形式主要包括惩罚性行政责任、强制性行政责任和补救性行政责任,具体可以包括:(1)行政处分,是行政机关对公务员或者国家机关工作人员违法失职行为的惩戒措施。包括警告、记过、记大过、降级、撤职、开除。(2)行政赔偿,是指因行政主体违反法定职责而引起的由国家机关或有关行政主体依法承担的赔偿责任。它既包括对行政相对人的损害所应当承担的赔偿责任,也包括基于这种赔偿责任而产生的行政公务人员对国家应负的补偿责任。(3)行政处罚,是行政主体依法对行政相对人违反行政法律规范、尚未构成犯罪的行为给予法律制裁的具体行政行为,分为以下几类:警告、罚款、没收违法所得、没收非法财产、责令停产停业、暂扣或者吊销许可证、暂扣或者吊销执照、行政拘留以及法律、行政法规规定的其他处罚。

(二)刑事法律责任。是依照刑事法律规定应当承担的法律后果,是最严厉的法律责任。刑事法律责任由《中华人民共和国刑法》设定,并由司法机关具体实施。刑法以外的任何法律法规都无权设定刑事法律责任,特定司法机关以外的任何单位无权组织实施。本释义不作赘述。

(三)民事法律责任。指民事法律关系主体违反了民事法律规范、不履行民事法律义务时所应承担的法律责任。民事责任是民事违法行为所引起的必然法律后果。根据我国《民法通则》的有关规定,行为人违反民事义务承担民事责任的方式主要有:(1)停止侵害。(2)排除妨碍。(3)消除危害。(4)返还财产。(5)恢复原状。(6)修理、重作、更换。(7)赔偿损失。(8)支付违约金。(9)消除影响,恢复名誉。(10)赔礼道歉。

本条规定涉及的主要是行政责任。

二、依法确定抗震设防要求，使建设工程按照抗震设防要求进行抗震设防是确保建设工程抗震性能、保障人民生命财产安全的重要措施，也是各级地震工作主管部门行使社会管理职能的重要方式。因此，本条对《中华人民共和国防震减灾法》和《山东省防震减灾条例》相关规定进行了重申，在行政责任的承担上，依然采取了责令限期改正和罚款两种方式，且处罚额度也未作改变。重申的目的是强调依法确定抗震设防要求对确保建设工程抗震性能的重要性，也与第二章“抗震设防要求”的规定相呼应。

第四十三条 违反本条例规定，擅自改动建设工程减震、隔震装置等抗震设施，降低建设工程抗震性能的，由县级以上人民政府住房城乡建设、交通运输、水利等有关主管部门按照职责分工责令改正，处五万元以上十万元以下的罚款。

【释义】 本条是关于擅自改动建设工程减震、隔震装置导致建设工程抗震性能降低需承担的法律责任的规定。

一、减震、隔震技术目前正处于推广使用阶段，目前的规定以鼓励性规定为主、强制性规定为辅。2014 年，住房和城乡建设部《关于积极推进建筑工程减隔震技术应用的通知》规定了各级住房城乡建设主管部门加大对减隔震工程质量责任主体违法行为的处罚力度。2015 年，山东省住房和城乡建设厅发布《关于积极推进建筑工程减隔震技术应用的通知》，规定不得随意改变、损坏、剪除减隔震装置或填埋、破坏减隔震配套设施。《房屋建筑工程抗震设防管理规定》（住房和城乡建设部令 148 号）第二十六条规定对擅自变动或者破坏房屋建筑抗震构件、隔震装置、减震部件或者地震反应观测系统等抗震设施的个人或单位给予一定处罚。与之相呼应，本《条例》在房屋建筑之外，扩大至全部建设工程的减震、隔震装置保护，因此此处设置了相应的罚则。

二、罚款数额的确定一般与行为造成的法律后果和本地区经济发展水平相关。由于之前没有关于破坏减震、隔震装置需承担的相应法律后果的具体规定，本条中罚款数额的确定参照了《建设工程质量管理条例》(中华人民共和国国务院令第 279 号)第六十九条中关于在装修过程中擅自变动房屋建筑主体和承重结构的相关规定。《建设工程质量管理条例》第六十九条规定："房屋建筑使用者在装修过程中擅自变动房屋建筑主体和承重结构的，责令改正，处 5 万元以上 10 万元以下的罚款。"同时，借鉴了已出台的《山西省建设工程抗震设防条例》第三十九条的规定："违反本条例规定，对建筑物进行装修改造时，擅自拆除或者破坏梁、柱、承重墙，影响建筑物抗震性能的，由住房和城乡建设主管部门责令改正，并处五万元以上十万元以下的罚款。"

3. 根据"分类监督"的原则，不同领域的建设工程由不同的行业主管部门按照职责分工，对擅自改动建设工程减震、隔震装置等抗震设施，造成建设工程抗震性能降低的行为开展行政处罚。

第四十四条　违反本条例规定，建设工程抗震加固设计图纸未经承担施工图审查的机构审查合格，建设单位擅自交付施工的，由县级以上人民政府住房城乡建设主管部门责令改正，处十万元以上三十万元以下的罚款。

【释义】　本条是关于建设工程抗震加固图纸未经施工图审查机构审查，建设单位擅自交付施工需承担的法律责任的规定。

一、根据本《条例》第三十九条的规定，未经审查合格的抗震加固设计图纸，不得用于施工。第三十九条规定属于强制条款，因此在本处设置了相应的罚则。

二、本条行政处罚措施及额度参考了《建设工程勘察设计管理条例》(中华人民共和国国务院令第 662 号)第四十条的相关规定。第四十条规定："违反本条例规定，勘察、设计单位未依据项目批准文件，城乡规划及专业规划，国家规定的建设工程勘察、设计深度要求编制建设工程勘察、设计文件的，责令限期改正；逾期不改正的，处 10 万元以上 30 万元以下的罚款。"

第四十五条 各级人民政府和有关部门的工作人员在建设工程抗震设防工作中滥用职权、玩忽职守、徇私舞弊的，依法给予处分；构成犯罪的，依法追究刑事责任。

【释义】 本条是关于政府及有关部门工作人员在建设工程抗震设防工作中有关职务行为的处罚条款。

一、本条的处罚主体是特定身份的工作人员。此处的"政府及有关部门工作人员"指政府机构中具备国家工作人员资格或以国家工作人员资格身份从事建设工程抗震设防管理活动的人员。《中华人民共和国公务员法》第二条规定："本法所称公务员，是指依法履行公职、纳入国家行政编制、由国家财政负担工资福利的工作人员。"政府及有关部门工作人员执行公务行为具有行政行为的法律效力，是代表国家和政府，依据法律法规的具体规定实施，而非个人意志的体现。公务人员向行政相对方发布的行政命令、采取的行政措施、实施的各种具体行政行为，相对人有遵守、服从的义务，非有权撤销行政行为的国家机关正式作出撤销相应行为的决定或宣布该决定无效，相应行为的法律效力将一直存续。因此，政府及有关部门工作人员这种执行公务的行为对行政相对人具有直接的行政法效力，与行政相对人的切身利益相关，只有确保这种执行公务的行为按照法定程序作出，才能切实维护行政相对人的合法权益。而一旦政府及有关部门工作人员未按照法定程序开展行政行为，则需要相应的纠错机制。

二、滥用职权指国家机关工作人员非法行使相关权力，致使损失或侵占公共财产、国家和人民利益遭受重大财产损失的行为。玩忽职守指国家机关工作人员不负责任，不履行或不认真履行自己的工作职责，致使公共财产、国家和人民利益遭受重大损失的行为。徇私舞弊指国家机关工作人员在公务行为中为了私人关系而用欺骗的方法违法乱纪的行为。滥用职权、玩忽职守、徇私舞弊都是国家机关工作人员在执行公务过程中较为常见的违反工作纪律甚至触犯《刑法》的行为。这三类行为中，滥用职权和徇私舞弊具有较强的主观故意，一般是行为人有意为之，而玩忽职守的主观则由过失构成，一般是行为人不认真、不负责地对待本职工作而形成。在具体的实务过程中，依据上述行为的严重程度，分别对相关责任人采取纪律处分措施或者依照《刑法》有关规定追究刑事责任。

第四十六条　违反本条例规定的其他行为，法律、行政法规已经规定法律责任的，依照其规定执行。

【释义】　本条是关于法律责任未作明确规定而适用其他法律法规的情况的规定。

本条规定是一项准用性规则。准用性规则指条文本身没有规定具体的行为模式，而是规定在此问题上应援引或参照其他相应规定的规则。这样的做法，极大地避免了立法资源的浪费，对于法律法规已经有规定或者已经能够调控的行为，又没有必要着重强调的，则尽量减少罚则部分，不再重复已有规定。

《条例》从抗震设防要求、抗震规划与选址、抗震设计与施工、既有建设工程抗震设防等方面对建设工程抗震设防各环节作出了具体规定，涉及建设工程各参与主体的切身利益，各参与主体都应当按照条款的具体规定规范建设工程抗震设防行为。对于本《条例》罚则中没有明示的法律责任，其他法律法规已有规定的，依照其规定执行。

第七章　附　则

第四十七条　本条例自2017年12月1日起施行。

【释义】　本条是关于本条例施行时间的规定。

一、法律的施行时间就是生效时间。目前我国制定的法律中，关于生效日期的规定有以下两种情况，第一种是法律条文中直接规定生效日期，第二种是在条文中没有直接规定具体的生效日期，而是规定"本法自公布之日起施行"。本条例采用的是第一种方式。

法律明确规定的生效时间一般涉及有无溯及力的问题。所谓法的溯及力，即法溯及既往的效力，指法律施行后，对其生效以前发生的事件和行为是否适用的问题。一般来说，"法不溯及既往"已经成为世界各国立法所遵循的一项基本原则，本《条例》也采取了这一原则。自2017年12月1日起，在本省行政区域内从事建设工程抗震设防活动的，必须按照《条例》的有关规定执行，受相关条款约束。

二、《山东省建设工程抗震设防条例》已经于2017年9月30日山东省第十二届人民代表大会常务委员会第三十二次会议通过。2017 年 9 月 30 日，由山东省人民代表大会常务委员会第 213 号公告公布，自 2017 年 12 月 1 日起施行。

从本《条例》公布到 2017 年 12 月 1 日起施行，中间间隔两个月的时间，这段时间是本《条例》实施前的准备时期。这样规定是考虑到《条例》是一部综合性地方法规，涉及的部门和行业较多，需要预留一定的时间就《条例》的实施做相关准备工作，使建设工程各相关单位和人民群众能够广泛、深入地学习条例内容，对条例的规定有所了解和掌握，充分认识到做好建设工程抗震设防工作的重要意义。

第二部分　附　录

中华人民共和国防震减灾法

（1997年12月29日第八届全国人民代表大会常务委员会第二十九次会议通过，2008年12月27日第十一届全国人民代表大会常务委员会第六次会议修订，2008年12月27日中华人民共和国主席令〔十一届〕第七号公布，自2009年5月1日起施行）

第一章　总　则

第一条　为了防御和减轻地震灾害，保护人民生命和财产安全，促进经济社会的可持续发展，制定本法。

第二条　在中华人民共和国领域和中华人民共和国管辖的其他海域从事地震监测预报、地震灾害预防、地震应急救援、地震灾后过渡性安置和恢复重建等防震减灾活动，适用本法。

第三条　防震减灾工作，实行预防为主、防御与救助相结合的方针。

第四条　县级以上人民政府应当加强对防震减灾工作的领导，将防震减灾工作纳入本级国民经济和社会发展规划，所需经费列入财政预算。

第五条　在国务院的领导下，国务院地震工作主管部门和国务院经济综合宏观调控、建设、民政、卫生、公安以及其他有关部门，按照职责分工，各负其责，密切配合，共同做好防震减灾工作。

县级以上地方人民政府负责管理地震工作的部门或者机构和其他有关部门在本级人民政府领导下，按照职责分工，各负其责，密切配合，共同做好本行政区域的防震减灾工作。

第六条 国务院抗震救灾指挥机构负责统一领导、指挥和协调全国抗震救灾工作。县级以上地方人民政府抗震救灾指挥机构负责统一领导、指挥和协调本行政区域的抗震救灾工作。

国务院地震工作主管部门和县级以上地方人民政府负责管理地震工作的部门或者机构，承担本级人民政府抗震救灾指挥机构的日常工作。

第七条 各级人民政府应当组织开展防震减灾知识的宣传教育，增强公民的防震减灾意识，提高全社会的防震减灾能力。

第八条 任何单位和个人都有依法参加防震减灾活动的义务。

国家鼓励、引导社会组织和个人开展地震群测群防活动，对地震进行监测和预防。

国家鼓励、引导志愿者参加防震减灾活动。

第九条 中国人民解放军、中国人民武装警察部队和民兵组织，依照本法以及其他有关法律、行政法规、军事法规的规定和国务院、中央军事委员会的命令，执行抗震救灾任务，保护人民生命和财产安全。

第十条 从事防震减灾活动，应当遵守国家有关防震减灾标准。

第十一条 国家鼓励、支持防震减灾的科学技术研究，逐步提高防震减灾科学技术研究经费投入，推广先进的科学研究成果，加强国际合作与交流，提高防震减灾工作水平。

对在防震减灾工作中做出突出贡献的单位和个人，按照国家有关规定给予表彰和奖励。

第二章　防震减灾规划

第十二条　国务院地震工作主管部门会同国务院有关部门组织编制国家防震减灾规划，报国务院批准后组织实施。

县级以上地方人民政府负责管理地震工作的部门或者机构会同同级有关部门，根据上一级防震减灾规划和本行政区域的实际情况，组织编制本行政区域的防震减灾规划，报本级人民政府批准后组织实施，并报上一级人民政府负责管理地震工作的部门或者机构备案。

第十三条　编制防震减灾规划，应当遵循统筹安排、突出重点、合理布局、全面预防的原则，以震情和震害预测结果为依据，并充分考虑人民生命和财产安全及经济社会发展、资源环境保护等需要。

县级以上地方人民政府有关部门应当根据编制防震减灾规划的需要，及时提供有关资料。

第十四条　防震减灾规划的内容应当包括：震情形势和防震减灾总体目标，地震监测台网建设布局，地震灾害预防措施，地震应急救援措施，以及防震减灾技术、信息、资金、物资等保障措施。

编制防震减灾规划，应当对地震重点监视防御区的地震监测台网建设、震情跟踪、地震灾害预防措施、地震应急准备、防震减灾知识宣传教育等作出具体安排。

第十五条　防震减灾规划报送审批前，组织编制机关应当征求有关部门、单位、专家和公众的意见。

防震减灾规划报送审批文件中应当附具意见采纳情况及理由。

第十六条　防震减灾规划一经批准公布，应当严格执行；因震情形势变化和经济社会发展的需要确需修改的，应当按照原审批程序报送审批。

第三章　地震监测预报

第十七条　国家加强地震监测预报工作，建立多学科地震监测系统，逐步提高地震监测预报水平。

第十八条　国家对地震监测台网实行统一规划，分级、分类管理。

国务院地震工作主管部门和县级以上地方人民政府负责管理地震工作的部门或者机构，按照国务院有关规定，制定地震监测台网规划。

全国地震监测台网由国家级地震监测台网、省级地震监测台网和市、县级地震监测台网组成，其建设资金和运行经费列入财政预算。

第十九条　水库、油田、核电站等重大建设工程的建设单位，应当按照国务院有关规定，建设专用地震监测台网或者强震动监测设施，其建设资金和运行经费由建设单位承担。

第二十条　地震监测台网的建设，应当遵守法律、法规和国家有关标准，保证建设质量。

第二十一条　地震监测台网不得擅自中止或者终止运行。

检测、传递、分析、处理、存贮、报送地震监测信息的单位，应当保证地震监测信息的质量和安全。

县级以上地方人民政府应当组织相关单位为地震监测台网的运行提供通信、交通、电力等保障条件。

第二十二条　沿海县级以上地方人民政府负责管理地震工作的部门或者机构，应当加强海域地震活动监测预测工作。海域地震发生后，县级以上地方人民政府负责管理地震工作的部门或者机构，应当及时向海洋主管部门和当地海事管理机构等通报情况。

火山所在地的县级以上地方人民政府负责管理地震工作的部门或者机构，应当利用地震监测设施和技术手段，加强火山活动监测预测工作。

第二十三条 国家依法保护地震监测设施和地震观测环境。

任何单位和个人不得侵占、毁损、拆除或者擅自移动地震监测设施。地震监测设施遭到破坏的，县级以上地方人民政府负责管理地震工作的部门或者机构应当采取紧急措施组织修复，确保地震监测设施正常运行。

任何单位和个人不得危害地震观测环境。国务院地震工作主管部门和县级以上地方人民政府负责管理地震工作的部门或者机构会同同级有关部门，按照国务院有关规定划定地震观测环境保护范围，并纳入土地利用总体规划和城乡规划。

第二十四条 新建、扩建、改建建设工程，应当避免对地震监测设施和地震观测环境造成危害。建设国家重点工程，确实无法避免对地震监测设施和地震观测环境造成危害的，建设单位应当按照县级以上地方人民政府负责管理地震工作的部门或者机构的要求，增建抗干扰设施；不能增建抗干扰设施的，应当新建地震监测设施。

对地震观测环境保护范围内的建设工程项目，城乡规划主管部门在依法核发选址意见书时，应当征求负责管理地震工作的部门或者机构的意见；不需要核发选址意见书的，城乡规划主管部门在依法核发建设用地规划许可证或者乡村建设规划许可证时，应当征求负责管理地震工作的部门或者机构的意见。

第二十五条 国务院地震工作主管部门建立健全地震监测信息共享平台，为社会提供服务。

县级以上地方人民政府负责管理地震工作的部门或者机构，应当将地震监测信息及时报送上一级人民政府负责管理地震工作的部门或者机构。

专用地震监测台网和强震动监测设施的管理单位，应当将地震监测信息及时报送所在地省、自治区、直辖市人民政府负责管理地震工作的部门或者机构。

第二十六条 国务院地震工作主管部门和县级以上地方人民政府负责管理地震工作的部门或者机构，根据地震监测信息研究结果，对可能发生地震的地点、时间和震级作出预测。

其他单位和个人通过研究提出的地震预测意见，应当向所在地或者所预测地的县级以上地方人民政府负责管理地震工作的部门或者机构书面报告，或者直接向国务院地震工作主管部门书面报告。收到书面报告的部门或者机构应当进行登记并出具接收凭证。

第二十七条 观测到可能与地震有关的异常现象的单位和个人，可以向所在地县级以上地方人民政府负责管理地震工作的部门或者机构报告，也可以直接向国务院地震工作主管部门报告。

国务院地震工作主管部门和县级以上地方人民政府负责管理地震工作的部门或者机构接到报告后，应当进行登记并及时组织调查核实。

第二十八条 国务院地震工作主管部门和省、自治区、直辖市人民政府负责管理地震工作的部门或者机构，应当组织召开震情会商会，必要时邀请有关部门、专家和其他有关人员参加，对地震预测意见和可能与地震有关的异常现象进行综合分析研究，形成震情会商意见，报本级人民政府；经震情会商形成地震预报意见的，在报本级人民政府前，应当进行评审，作出评审结果，并提出对策建议。

第二十九条 国家对地震预报意见实行统一发布制度。

全国范围内的地震长期和中期预报意见，由国务院发布。省、自治区、直辖市行政区域内的地震预报意见，由省、自治区、直辖市人民政府按照国务院规定的程序发布。

除发表本人或者本单位对长期、中期地震活动趋势的研究成果及进行相关学术交流外，任何单位和个人不得向社会散布地震预测意见。任何单位和个人不得向社会散布地震预报意见及其评审结果。

第三十条 国务院地震工作主管部门根据地震活动趋势和震害预测结果，提出确定地震重点监视防御区的意见，报国务院批准。

国务院地震工作主管部门应当加强地震重点监视防御区的震情跟踪，对地震活动趋势进行分析评估，提出年度防震减灾工作意见，报国务院批准后实施。

地震重点监视防御区的县级以上地方人民政府应当根据年度防震减灾工作意见和当地的地震活动趋势，组织有关部门加强防震减灾工作。

地震重点监视防御区的县级以上地方人民政府负责管理地震工作的部门或者机构，应当增加地震监测台网密度，组织做好震情跟踪、流动观测和可能与地震有关的异常现象观测以及群测群防工作，并及时将有关情况报上一级人民政府负责管理地震工作的部门或者机构。

第三十一条 国家支持全国地震烈度速报系统的建设。

地震灾害发生后，国务院地震工作主管部门应当通过全国地震烈度速报系统快速判断致灾程度，为指挥抗震救灾工作提供依据。

第三十二条 国务院地震工作主管部门和县级以上地方人民

政府负责管理地震工作的部门或者机构，应当对发生地震灾害的区域加强地震监测，在地震现场设立流动观测点，根据震情的发展变化，及时对地震活动趋势作出分析、判定，为余震防范工作提供依据。

国务院地震工作主管部门和县级以上地方人民政府负责管理地震工作的部门或者机构、地震监测台网的管理单位，应当及时收集、保存有关地震的资料和信息，并建立完整的档案。

第三十三条 外国的组织或者个人在中华人民共和国领域和中华人民共和国管辖的其他海域从事地震监测活动，必须经国务院地震工作主管部门会同有关部门批准，并采取与中华人民共和国有关部门或者单位合作的形式进行。

第四章 地震灾害预防

第三十四条 国务院地震工作主管部门负责制定全国地震烈度区划图或者地震动参数区划图。

国务院地震工作主管部门和省、自治区、直辖市人民政府负责管理地震工作的部门或者机构，负责审定建设工程的地震安全性评价报告，确定抗震设防要求。

第三十五条 新建、扩建、改建建设工程，应当达到抗震设防要求。

重大建设工程和可能发生严重次生灾害的建设工程，应当按照国务院有关规定进行地震安全性评价，并按照经审定的地震安全性评价报告所确定的抗震设防要求进行抗震设防。建设工程的地震安全性评价单位应当按照国家有关标准进行地震安全性评价，并对地震安全性评价报告的质量负责。

前款规定以外的建设工程，应当按照地震烈度区划图或者地震动参数区划图所确定的抗震设防要求进行抗震设防；对学校、医院等人员密集场所的建设工程，应当按照高于当地房屋建筑的抗震设防要求进行设计和施工，采取有效措施，增强抗震设防能力。

第三十六条 有关建设工程的强制性标准，应当与抗震设防要求相衔接。

第三十七条 国家鼓励城市人民政府组织制定地震小区划图。地震小区划图由国务院地震工作主管部门负责审定。

第三十八条 建设单位对建设工程的抗震设计、施工的全过程负责。

设计单位应当按照抗震设防要求和工程建设强制性标准进行抗震设计，并对抗震设计的质量以及出具的施工图设计文件的准确性负责。

施工单位应当按照施工图设计文件和工程建设强制性标准进行施工，并对施工质量负责。

建设单位、施工单位应当选用符合施工图设计文件和国家有关标准规定的材料、构配件和设备。

工程监理单位应当按照施工图设计文件和工程建设强制性标准实施监理，并对施工质量承担监理责任。

第三十九条 已经建成的下列建设工程，未采取抗震设防措施或者抗震设防措施未达到抗震设防要求的，应当按照国家有关规定进行抗震性能鉴定，并采取必要的抗震加固措施：

（一）重大建设工程；

（二）可能发生严重次生灾害的建设工程；

（三）具有重大历史、科学、艺术价值或者重要纪念意义的建设工程；

（四）学校、医院等人员密集场所的建设工程；

（五）地震重点监视防御区内的建设工程。

第四十条 县级以上地方人民政府应当加强对农村村民住宅和乡村公共设施抗震设防的管理，组织开展农村实用抗震技术的研究和开发，推广达到抗震设防要求、经济适用、具有当地特色的建筑设计和施工技术，培训相关技术人员，建设示范工程，逐步提高农村村民住宅和乡村公共设施的抗震设防水平。

国家对需要抗震设防的农村村民住宅和乡村公共设施给予必要支持。

第四十一条 城乡规划应当根据地震应急避难的需要，合理确定应急疏散通道和应急避难场所，统筹安排地震应急避难所必需的交通、供水、供电、排污等基础设施建设。

第四十二条 地震重点监视防御区的县级以上地方人民政府应当根据实际需要，在本级财政预算和物资储备中安排抗震救灾资金、物资。

第四十三条 国家鼓励、支持研究开发和推广使用符合抗震设防要求、经济实用的新技术、新工艺、新材料。

第四十四条 县级人民政府及其有关部门和乡、镇人民政府、城市街道办事处等基层组织，应当组织开展地震应急知识的宣传普及活动和必要的地震应急救援演练，提高公民在地震灾害中自救互救的能力。

机关、团体、企业、事业等单位，应当按照所在地人民政府的要求，结合各自实际情况，加强对本单位人员的地震应急知识宣传教育，开展地震应急救援演练。

学校应当进行地震应急知识教育，组织开展必要的地震应急救援演练，培养学生的安全意识和自救互救能力。

新闻媒体应当开展地震灾害预防和应急、自救互救知识的公益宣传。

国务院地震工作主管部门和县级以上地方人民政府负责管理

地震工作的部门或者机构，应当指导、协助、督促有关单位做好防震减灾知识的宣传教育和地震应急救援演练等工作。

第四十五条　国家发展有财政支持的地震灾害保险事业，鼓励单位和个人参加地震灾害保险。

第五章　地震应急救援

第四十六条　国务院地震工作主管部门会同国务院有关部门制定国家地震应急预案，报国务院批准。国务院有关部门根据国家地震应急预案，制定本部门的地震应急预案，报国务院地震工作主管部门备案。

县级以上地方人民政府及其有关部门和乡、镇人民政府，应当根据有关法律、法规、规章、上级人民政府及其有关部门的地震应急预案和本行政区域的实际情况，制定本行政区域的地震应急预案和本部门的地震应急预案。省、自治区、直辖市和较大的市的地震应急预案，应当报国务院地震工作主管部门备案。

交通、铁路、水利、电力、通信等基础设施和学校、医院等人员密集场所的经营管理单位，以及可能发生次生灾害的核电、矿山、危险物品等生产经营单位，应当制定地震应急预案，并报所在地的县级人民政府负责管理地震工作的部门或者机构备案。

第四十七条　地震应急预案的内容应当包括：组织指挥体系及其职责，预防和预警机制，处置程序，应急响应和应急保障措施等。

地震应急预案应当根据实际情况适时修订。

第四十八条　地震预报意见发布后，有关省、自治区、直辖市人民政府根据预报的震情可以宣布有关区域进入临震应急期；有关地方人民政府应当按照地震应急预案，组织有关部门做好应急防范和抗震救灾准备工作。

第四十九条 按照社会危害程度、影响范围等因素，地震灾害分为一般、较大、重大和特别重大四级。具体分级标准按照国务院规定执行。

一般或者较大地震灾害发生后，地震发生地的市、县人民政府负责组织有关部门启动地震应急预案；重大地震灾害发生后，地震发生地的省、自治区、直辖市人民政府负责组织有关部门启动地震应急预案；特别重大地震灾害发生后，国务院负责组织有关部门启动地震应急预案。

第五十条 地震灾害发生后，抗震救灾指挥机构应当立即组织有关部门和单位迅速查清受灾情况，提出地震应急救援力量的配置方案，并采取以下紧急措施：

（一）迅速组织抢救被压埋人员，并组织有关单位和人员开展自救互救；

（二）迅速组织实施紧急医疗救护，协调伤员转移和接收与救治；

（三）迅速组织抢修毁损的交通、铁路、水利、电力、通信等基础设施；

（四）启用应急避难场所或者设置临时避难场所，设置救济物资供应点，提供救济物品、简易住所和临时住所，及时转移和安置受灾群众，确保饮用水消毒和水质安全，积极开展卫生防疫，妥善安排受灾群众生活；

（五）迅速控制危险源，封锁危险场所，做好次生灾害的排查与监测预警工作，防范地震可能引发的火灾、水灾、爆炸、山体滑坡和崩塌、泥石流、地面塌陷，或者剧毒、强腐蚀性、放射性物质大量泄漏等次生灾害以及传染病疫情的发生；

（六）依法采取维持社会秩序、维护社会治安的必要措施。

第五十一条 特别重大地震灾害发生后，国务院抗震救灾指挥机构在地震灾区成立现场指挥机构，并根据需要设立相应的工作组，统一组织领导、指挥和协调抗震救灾工作。

各级人民政府及有关部门和单位、中国人民解放军、中国人民武装警察部队和民兵组织，应当按照统一部署，分工负责，密切配合，共同做好地震应急救援工作。

第五十二条 地震灾区的县级以上地方人民政府应当及时将地震震情和灾情等信息向上一级人民政府报告，必要时可以越级上报，不得迟报、谎报、瞒报。

地震震情、灾情和抗震救灾等信息按照国务院有关规定实行归口管理，统一、准确、及时发布。

第五十三条 国家鼓励、扶持地震应急救援新技术和装备的研究开发，调运和储备必要的应急救援设施、装备，提高应急救援水平。

第五十四条 国务院建立国家地震灾害紧急救援队伍。

省、自治区、直辖市人民政府和地震重点监视防御区的市、县人民政府可以根据实际需要，充分利用消防等现有队伍，按照一队多用、专职与兼职相结合的原则，建立地震灾害紧急救援队伍。

地震灾害紧急救援队伍应当配备相应的装备、器材，开展培训和演练，提高地震灾害紧急救援能力。

地震灾害紧急救援队伍在实施救援时，应当首先对倒塌建筑物、构筑物压埋人员进行紧急救援。

第五十五条 县级以上人民政府有关部门应当按照职责分工，协调配合，采取有效措施，保障地震灾害紧急救援队伍和医疗救治队伍快速、高效地开展地震灾害紧急救援活动。

第五十六条 县级以上地方人民政府及其有关部门可以建立地震灾害救援志愿者队伍，并组织开展地震应急救援知识培训和演练，使志愿者掌握必要的地震应急救援技能，增强地震灾害应急救援能力。

第五十七条 国务院地震工作主管部门会同有关部门和单位，组织协调外国救援队和医疗队在中华人民共和国开展地震灾害紧急救援活动。

国务院抗震救灾指挥机构负责外国救援队和医疗队的统筹调度，并根据其专业特长，科学、合理地安排紧急救援任务。

地震灾区的地方各级人民政府，应当对外国救援队和医疗队开展紧急救援活动予以支持和配合。

第六章 地震灾后过渡性安置和恢复重建

第五十八条 国务院或者地震灾区的省、自治区、直辖市人民政府应当及时组织对地震灾害损失进行调查评估，为地震应急救援、灾后过渡性安置和恢复重建提供依据。

地震灾害损失调查评估的具体工作，由国务院地震工作主管部门或者地震灾区的省、自治区、直辖市人民政府负责管理地震工作的部门或者机构和财政、建设、民政等有关部门按照国务院的规定承担。

第五十九条 地震灾区受灾群众需要过渡性安置的，应当根据地震灾区的实际情况，在确保安全的前提下，采取灵活多样的方式进行安置。

第六十条 过渡性安置点应当设置在交通条件便利、方便受灾群众恢复生产和生活的区域，并避开地震活动断层和可能发生严重次生灾害的区域。

过渡性安置点的规模应当适度，并采取相应的防灾、防疫措施，配套建设必要的基础设施和公共服务设施，确保受灾群众的安全和基本生活需要。

第六十一条　实施过渡性安置应当尽量保护农用地，并避免对自然保护区、饮用水水源保护区以及生态脆弱区域造成破坏。

过渡性安置用地按照临时用地安排，可以先行使用，事后依法办理有关用地手续；到期未转为永久性用地的，应当复垦后交还原土地使用者。

第六十二条　过渡性安置点所在地的县级人民政府，应当组织有关部门加强对次生灾害、饮用水水质、食品卫生、疫情等的监测，开展流行病学调查，整治环境卫生，避免对土壤、水环境等造成污染。

过渡性安置点所在地的公安机关，应当加强治安管理，依法打击各种违法犯罪行为，维护正常的社会秩序。

第六十三条　地震灾区的县级以上地方人民政府及其有关部门和乡、镇人民政府，应当及时组织修复毁损的农业生产设施，提供农业生产技术指导，尽快恢复农业生产；优先恢复供电、供水、供气等企业的生产，并对大型骨干企业恢复生产提供支持，为全面恢复农业、工业、服务业生产经营提供条件。

第六十四条　各级人民政府应当加强对地震灾后恢复重建工作的领导、组织和协调。

县级以上人民政府有关部门应当在本级人民政府领导下，按照职责分工，密切配合，采取有效措施，共同做好地震灾后恢复重建工作。

第六十五条　国务院有关部门应当组织有关专家开展地震活动对相关建设工程破坏机理的调查评估，为修订完善有关建设工程的强制性标准、采取抗震设防措施提供科学依据。

第六十六条　特别重大地震灾害发生后，国务院经济综合宏观调控部门会同国务院有关部门与地震灾区的省、自治区、直辖市人民政府共同组织编制地震灾后恢复重建规划，报国务院批准后组织实施；重大、较大、一般地震灾害发生后，由地震灾区的省、自治区、直辖市人民政府根据实际需要组织编制地震灾后恢复重建规划。

地震灾害损失调查评估获得的地质、勘察、测绘、土地、气象、水文、环境等基础资料和经国务院地震工作主管部门复核的地震动参数区划图，应当作为编制地震灾后恢复重建规划的依据。

编制地震灾后恢复重建规划，应当征求有关部门、单位、专家和公众特别是地震灾区受灾群众的意见；重大事项应当组织有关专家进行专题论证。

第六十七条 地震灾后恢复重建规划应当根据地质条件和地震活动断层分布以及资源环境承载能力，重点对城镇和乡村的布局、基础设施和公共服务设施的建设、防灾减灾和生态环境以及自然资源和历史文化遗产保护等作出安排。

地震灾区内需要异地新建的城镇和乡村的选址以及地震灾后重建工程的选址，应当符合地震灾后恢复重建规划和抗震设防、防灾减灾要求，避开地震活动断层或者生态脆弱和可能发生洪水、山体滑坡和崩塌、泥石流、地面塌陷等灾害的区域以及传染病自然疫源地。

第六十八条 地震灾区的地方各级人民政府应当根据地震灾后恢复重建规划和当地经济社会发展水平，有计划、分步骤地组织实施地震灾后恢复重建。

第六十九条 地震灾区的县级以上地方人民政府应当组织有关部门和专家，根据地震灾害损失调查评估结果，制定清理保护方案，明确典型地震遗址、遗迹和文物保护单位以及具有历史价值与民族特色的建筑物、构筑物的保护范围和措施。

对地震灾害现场的清理，按照清理保护方案分区、分类进行，并依照法律、行政法规和国家有关规定，妥善清理、转运和处置有关放射性物质、危险废物和有毒化学品，开展防疫工作，防止传染病和重大动物疫情的发生。

第七十条　地震灾后恢复重建，应当统筹安排交通、铁路、水利、电力、通信、供水、供电等基础设施和市政公用设施，学校、医院、文化、商贸服务、防灾减灾、环境保护等公共服务设施，以及住房和无障碍设施的建设，合理确定建设规模和时序。

乡村的地震灾后恢复重建，应当尊重村民意愿，发挥村民自治组织的作用，以群众自建为主，政府补助、社会帮扶、对口支援，因地制宜，节约和集约利用土地，保护耕地。

少数民族聚居的地方的地震灾后恢复重建，应当尊重当地群众的意愿。

第七十一条　地震灾区的县级以上地方人民政府应当组织有关部门和单位，抢救、保护与收集整理有关档案、资料，对因地震灾害遗失、毁损的档案、资料，及时补充和恢复。

第七十二条　地震灾后恢复重建应当坚持政府主导、社会参与和市场运作相结合的原则。

地震灾区的地方各级人民政府应当组织受灾群众和企业开展生产自救，自力更生、艰苦奋斗、勤俭节约，尽快恢复生产。

国家对地震灾后恢复重建给予财政支持、税收优惠和金融扶持，并提供物资、技术和人力等支持。

第七十三条　地震灾区的地方各级人民政府应当组织做好救助、救治、康复、补偿、抚慰、抚恤、安置、心理援助、法律服务、公共文化服务等工作。

各级人民政府及有关部门应当做好受灾群众的就业工作，鼓励企业、事业单位优先吸纳符合条件的受灾群众就业。

第七十四条　对地震灾后恢复重建中需要办理行政审批手续

的事项，有审批权的人民政府及有关部门应当按照方便群众、简化手续、提高效率的原则，依法及时予以办理。

第七章　监督管理

第七十五条　县级以上人民政府依法加强对防震减灾规划和地震应急预案的编制与实施、地震应急避难场所的设置与管理、地震灾害紧急救援队伍的培训、防震减灾知识宣传教育和地震应急救援演练等工作的监督检查。

县级以上人民政府有关部门应当加强对地震应急救援、地震灾后过渡性安置和恢复重建的物资的质量安全的监督检查。

第七十六条　县级以上人民政府建设、交通、铁路、水利、电力、地震等有关部门应当按照职责分工，加强对工程建设强制性标准、抗震设防要求执行情况和地震安全性评价工作的监督检查。

第七十七条　禁止侵占、截留、挪用地震应急救援、地震灾后过渡性安置和恢复重建的资金、物资。

县级以上人民政府有关部门对地震应急救援、地震灾后过渡性安置和恢复重建的资金、物资以及社会捐赠款物的使用情况，依法加强管理和监督，予以公布，并对资金、物资的筹集、分配、拨付、使用情况登记造册，建立健全档案。

第七十八条　地震灾区的地方人民政府应当定期公布地震应急救援、地震灾后过渡性安置和恢复重建的资金、物资以及社会捐赠款物的来源、数量、发放和使用情况，接受社会监督。

第七十九条　审计机关应当加强对地震应急救援、地震灾后过渡性安置和恢复重建的资金、物资的筹集、分配、拨付、使用的审计，并及时公布审计结果。

第八十条　监察机关应当加强对参与防震减灾工作的国家行

政机关和法律、法规授权的具有管理公共事务职能的组织及其工作人员的监察。

第八十一条　任何单位和个人对防震减灾活动中的违法行为，有权进行举报。

接到举报的人民政府或者有关部门应当进行调查，依法处理，并为举报人保密。

第八章　法律责任

第八十二条　国务院地震工作主管部门、县级以上地方人民政府负责管理地震工作的部门或者机构，以及其他依照本法规定行使监督管理权的部门，不依法作出行政许可或者办理批准文件的，发现违法行为或者接到对违法行为的举报后不予查处的，或者有其他未依照本法规定履行职责的行为的，对直接负责的主管人员和其他直接责任人员，依法给予处分。

第八十三条　未按照法律、法规和国家有关标准进行地震监测台网建设的，由国务院地震工作主管部门或者县级以上地方人民政府负责管理地震工作的部门或者机构责令改正，采取相应的补救措施；对直接负责的主管人员和其他直接责任人员，依法给予处分。

第八十四条　违反本法规定，有下列行为之一的，由国务院地震工作主管部门或者县级以上地方人民政府负责管理地震工作的部门或者机构责令停止违法行为，恢复原状或者采取其他补救措施；造成损失的，依法承担赔偿责任：

（一）侵占、毁损、拆除或者擅自移动地震监测设施的；

（二）危害地震观测环境的；

（三）破坏典型地震遗址、遗迹的。

单位有前款所列违法行为，情节严重的，处二万元以上二十万元以下的罚款；个人有前款所列违法行为，情节严重的，处二千元以下的罚款。构成违反治安管理行为的，由公安机关依法给予处罚。

第八十五条 违反本法规定，未按照要求增建抗干扰设施或者新建地震监测设施的，由国务院地震工作主管部门或者县级以上地方人民政府负责管理地震工作的部门或者机构责令限期改正；逾期不改正的，处二万元以上二十万元以下的罚款；造成损失的，依法承担赔偿责任。

第八十六条 违反本法规定，外国的组织或者个人未经批准，在中华人民共和国领域和中华人民共和国管辖的其他海域从事地震监测活动的，由国务院地震工作主管部门责令停止违法行为，没收监测成果和监测设施，并处一万元以上十万元以下的罚款；情节严重的，并处十万元以上五十万元以下的罚款。

外国人有前款规定行为的，除依照前款规定处罚外，还应当依照外国人入境出境管理法律的规定缩短其在中华人民共和国停留的期限或者取消其在中华人民共和国居留的资格；情节严重的，限期出境或者驱逐出境。

第八十七条 未依法进行地震安全性评价，或者未按照地震安全性评价报告所确定的抗震设防要求进行抗震设防的，由国务院地震工作主管部门或者县级以上地方人民政府负责管理地震工作的部门或者机构责令限期改正；逾期不改正的，处三万元以上三十万元以下的罚款。

第八十八条 违反本法规定，向社会散布地震预测意见、地震预报意见及其评审结果，或者在地震灾后过渡性安置、地震灾后恢复重建中扰乱社会秩序，构成违反治安管理行为的，由公安机关依法给予处罚。

第八十九条　地震灾区的县级以上地方人民政府迟报、谎报、瞒报地震震情、灾情等信息的，由上级人民政府责令改正；对直接负责的主管人员和其他直接责任人员，依法给予处分。

第九十条　侵占、截留、挪用地震应急救援、地震灾后过渡性安置或者地震灾后恢复重建的资金、物资的，由财政部门、审计机关在各自职责范围内，责令改正，追回被侵占、截留、挪用的资金、物资；有违法所得的，没收违法所得；对单位给予警告或者通报批评；对直接负责的主管人员和其他直接责任人员，依法给予处分。

第九十一条　违反本法规定，构成犯罪的，依法追究刑事责任。

第九章　附　则

第九十二条　本法下列用语的含义：

（一）地震监测设施，是指用于地震信息检测、传输和处理的设备、仪器和装置以及配套的监测场地。

（二）地震观测环境，是指按照国家有关标准划定的保障地震监测设施不受干扰、能够正常发挥工作效能的空间范围。

（三）重大建设工程，是指对社会有重大价值或者有重大影响的工程。

（四）可能发生严重次生灾害的建设工程，是指受地震破坏后可能引发水灾、火灾、爆炸，或者剧毒、强腐蚀性、放射性物质大量泄漏，以及其他严重次生灾害的建设工程，包括水库大坝和贮油、贮气设施，贮存易燃易爆或者剧毒、强腐蚀性、放射性物质的设施，以及其他可能发生严重次生灾害的建设工程。

（五）地震烈度区划图，是指以地震烈度（以等级表示的地震影响强弱程度）为指标，将全国划分为不同抗震设防要求区域的图件。

（六）地震动参数区划图，是指以地震动参数（以加速度表示地震作用强弱程度）为指标，将全国划分为不同抗震设防要求区域的图件。

（七）地震小区划图，是指根据某一区域的具体场地条件，对该区域的抗震设防要求进行详细划分的图件。

第九十三条 本法自 2009 年 5 月 1 日起施行。

中华人民共和国城乡规划法

（中华人民共和国主席令第七十四号,2008）

（2007年10月28日第十届全国人民代表大会常务委员会第三十次会议通过）

第一章　总　则

第一条　为了加强城乡规划管理,协调城乡空间布局,改善人居环境,促进城乡经济社会全面协调可持续发展,制定本法。

第二条　制定和实施城乡规划,在规划区内进行建设活动,必须遵守本法。

本法所称城乡规划,包括城镇体系规划、城市规划、镇规划、乡规划和村庄规划。城市规划、镇规划分为总体规划和详细规划。详细规划分为控制性详细规划和修建性详细规划。

本法所称规划区,是指城市、镇和村庄的建成区以及因城乡建设和发展需要,必须实行规划控制的区域。规划区的具体范围由有关人民政府在组织编制的城市总体规划、镇总体规划、乡规划和村庄规划中,根据城乡经济社会发展水平和统筹城乡发展的需要划定。

第三条　城市和镇应当依照本法制定城市规划和镇规划。城市、镇规划区内的建设活动应当符合规划要求。

县级以上地方人民政府根据本地农村经济社会发展水平，按照因地制宜、切实可行的原则，确定应当制定乡规划、村庄规划的区域。在确定区域内的乡、村庄，应当依照本法制定规划，规划区内的乡、村庄建设应当符合规划要求。

县级以上地方人民政府鼓励、指导前款规定以外的区域的乡、村庄制定和实施乡规划、村庄规划。

第四条 制定和实施城乡规划，应当遵循城乡统筹、合理布局、节约土地、集约发展和先规划后建设的原则，改善生态环境，促进资源、能源节约和综合利用，保护耕地等自然资源和历史文化遗产，保持地方特色、民族特色和传统风貌，防止污染和其他公害，并符合区域人口发展、国防建设、防灾减灾和公共卫生、公共安全的需要。

在规划区内进行建设活动，应当遵守土地管理、自然资源和环境保护等法律、法规的规定。

县级以上地方人民政府应当根据当地经济社会发展的实际，在城市总体规划、镇总体规划中合理确定城市、镇的发展规模、步骤和建设标准。

第五条 城市总体规划、镇总体规划以及乡规划和村庄规划的编制，应当依据国民经济和社会发展规划，并与土地利用总体规划相衔接。

第六条 各级人民政府应当将城乡规划的编制和管理经费纳入本级财政预算。

第七条 经依法批准的城乡规划，是城乡建设和规划管理的依据，未经法定程序不得修改。

第八条 城乡规划组织编制机关应当及时公布经依法批准的城乡规划。但是，法律、行政法规规定不得公开的内容除外。

第九条　任何单位和个人都应当遵守经依法批准并公布的城乡规划，服从规划管理，并有权就涉及其利害关系的建设活动是否符合规划的要求向城乡规划主管部门查询。

任何单位和个人都有权向城乡规划主管部门或者其他有关部门举报或者控告违反城乡规划的行为。城乡规划主管部门或者其他有关部门对举报或者控告，应当及时受理并组织核查、处理。

第十条　国家鼓励采用先进的科学技术，增强城乡规划的科学性，提高城乡规划实施及监督管理的效能。

第十一条　国务院城乡规划主管部门负责全国的城乡规划管理工作。

县级以上地方人民政府城乡规划主管部门负责本行政区域内的城乡规划管理工作。

第二章　城乡规划的制定

第十二条　国务院城乡规划主管部门会同国务院有关部门组织编制全国城镇体系规划，用于指导省域城镇体系规划、城市总体规划的编制。

全国城镇体系规划由国务院城乡规划主管部门报国务院审批。

第十三条　省、自治区人民政府组织编制省域城镇体系规划，报国务院审批。

省域城镇体系规划的内容应当包括：城镇空间布局和规模控制，重大基础设施的布局，为保护生态环境、资源等需要严格控制的区域。

第十四条　城市人民政府组织编制城市总体规划。

直辖市的城市总体规划由直辖市人民政府报国务院审批。

省、自治区人民政府所在地的城市以及国务院确定的城市的总体规划，由省、自治区人民政府审查同意后，报国务院审批。其他城市的总体规划，由城市人民政府报省、自治区人民政府审批。

第十五条 县人民政府组织编制县人民政府所在地镇的总体规划，报上一级人民政府审批。其他镇的总体规划由镇人民政府组织编制，报上一级人民政府审批。

第十六条 省、自治区人民政府组织编制的省域城镇体系规划，城市、县人民政府组织编制的总体规划，在报上一级人民政府审批前，应当先经本级人民代表大会常务委员会审议，常务委员会组成人员的审议意见交由本级人民政府研究处理。

镇人民政府组织编制的镇总体规划，在报上一级人民政府审批前，应当先经镇人民代表大会审议，代表的审议意见交由本级人民政府研究处理。

规划的组织编制机关报送审批省域城镇体系规划、城市总体规划或者镇总体规划，应当将本级人民代表大会常务委员会组成人员或者镇人民代表大会代表的审议意见和根据审议意见修改规划的情况一并报送。

第十七条 城市总体规划、镇总体规划的内容应当包括：城市、镇的发展布局，功能分区，用地布局，综合交通体系，禁止、限制和适宜建设的地域范围，各类专项规划等。

规划区范围、规划区内建设用地规模、基础设施和公共服务设施用地、水源地和水系、基本农田和绿化用地、环境保护、自然与历史文化遗产保护以及防灾减灾等内容，应当作为城市总体规划、镇总体规划的强制性内容。

城市总体规划、镇总体规划的规划期限一般为二十年。城市总体规划还应当对城市更长远的发展作出预测性安排。

第十八条 乡规划、村庄规划应当从农村实际出发，尊重村民意愿,体现地方和农村特色。

乡规划、村庄规划的内容应当包括:规划区范围,住宅、道路、供水、排水、供电、垃圾收集、畜禽养殖场所等农村生产、生活服务设施、公益事业等各项建设的用地布局、建设要求,以及对耕地等自然资源和历史文化遗产保护、防灾减灾等的具体安排。乡规划还应当包括本行政区域内的村庄发展布局。

第十九条　城市人民政府城乡规划主管部门根据城市总体规划的要求,组织编制城市的控制性详细规划,经本级人民政府批准后,报本级人民代表大会常务委员会和上一级人民政府备案。

第二十条　镇人民政府根据镇总体规划的要求,组织编制镇的控制性详细规划,报上一级人民政府审批。县人民政府所在地镇的控制性详细规划,由县人民政府城乡规划主管部门根据镇总体规划的要求组织编制,经县人民政府批准后,报本级人民代表大会常务委员会和上一级人民政府备案。

第二十一条　城市、县人民政府城乡规划主管部门和镇人民政府可以组织编制重要地块的修建性详细规划。修建性详细规划应当符合控制性详细规划。

第二十二条　乡、镇人民政府组织编制乡规划、村庄规划,报上一级人民政府审批。村庄规划在报送审批前,应当经村民会议或者村民代表会议讨论同意。

第二十三条　首都的总体规划、详细规划应当统筹考虑中央国家机关用地布局和空间安排的需要。

第二十四条　城乡规划组织编制机关应当委托具有相应资质等级的单位承担城乡规划的具体编制工作。

从事城乡规划编制工作应当具备下列条件,并经国务院城乡规划主管部门或者省、自治区、直辖市人民政府城乡规划主管部门依法审查合格,取得相应等级的资质证书后,方可在资质等级许可的范围内从事城乡规划编制工作：

（一）有法人资格；

（二）有规定数量的经相关行业协会注册的规划师；

（三）有规定数量的相关专业技术人员；

（四）有相应的技术装备；

（五）有健全的技术、质量、财务管理制度。

规划师执业资格管理办法，由国务院城乡规划主管部门会同国务院人事行政部门制定。

编制城乡规划必须遵守国家有关标准。

第二十五条 编制城乡规划，应当具备国家规定的勘察、测绘、气象、地震、水文、环境等基础资料。

县级以上地方人民政府有关主管部门应当根据编制城乡规划的需要，及时提供有关基础资料。

第二十六条 城乡规划报送审批前，组织编制机关应当依法将城乡规划草案予以公告，并采取论证会、听证会或者其他方式征求专家和公众的意见。公告的时间不得少于三十日。

组织编制机关应当充分考虑专家和公众的意见，并在报送审批的材料中附具意见采纳情况及理由。

第二十七条 省域城镇体系规划、城市总体规划、镇总体规划批准前，审批机关应当组织专家和有关部门进行审查。

第三章 城乡规划的实施

第二十八条 地方各级人民政府应当根据当地经济社会发展水平，量力而行，尊重群众意愿，有计划、分步骤地组织实施城乡规划。

第二十九条 城市的建设和发展，应当优先安排基础设施以及公共服务设施的建设，妥善处理新区开发与旧区改建的关系，统筹兼顾进城务工人员生活和周边农村经济社会发展、村民生产与生活的需要。

镇的建设和发展，应当结合农村经济社会发展和产业结构调整，优先安排供水、排水、供电、供气、道路、通信、广播电视等基础设施和学校、卫生院、文化站、幼儿园、福利院等公共服务设施的建设，为周边农村提供服务。

乡、村庄的建设和发展，应当因地制宜、节约用地，发挥村民自治组织的作用，引导村民合理进行建设，改善农村生产、生活条件。

第三十条 城市新区的开发和建设，应当合理确定建设规模和时序，充分利用现有市政基础设施和公共服务设施，严格保护自然资源和生态环境，体现地方特色。

在城市总体规划、镇总体规划确定的建设用地范围以外，不得设立各类开发区和城市新区。

第三十一条 旧城区的改建，应当保护历史文化遗产和传统风貌，合理确定拆迁和建设规模，有计划地对危房集中、基础设施落后等地段进行改建。

历史文化名城、名镇、名村的保护以及受保护建筑物的维护和使用，应当遵守有关法律、行政法规和国务院的规定。

第三十二条 城乡建设和发展，应当依法保护和合理利用风景名胜资源，统筹安排风景名胜区及周边乡、镇、村庄的建设。

风景名胜区的规划、建设和管理，应当遵守有关法律、行政法规和国务院的规定。

第三十三条 城市地下空间的开发和利用，应当与经济和技术发展水平相适应，遵循统筹安排、综合开发、合理利用的原则，充分考虑防灾减灾、人民防空和通信等需要，并符合城市规划，履行规划审批手续。

第三十四条 城市、县、镇人民政府应当根据城市总体规划、镇总体规划、土地利用总体规划和年度计划以及国民经济和社会发展规划，制定近期建设规划，报总体规划审批机关备案。

近期建设规划应当以重要基础设施、公共服务设施和中低收入居民住房建设以及生态环境保护为重点内容，明确近期建设的时序、发展方向和空间布局。近期建设规划的规划期限为五年。

第三十五条 城乡规划确定的铁路、公路、港口、机场、道路、绿地、输配电设施及输电线路走廊、通信设施、广播电视设施、管道设施、河道、水库、水源地、自然保护区、防汛通道、消防通道、核电站、垃圾填埋场及焚烧厂、污水处理厂和公共服务设施的用地以及其他需要依法保护的用地，禁止擅自改变用途。

第三十六条 按照国家规定需要有关部门批准或者核准的建设项目，以划拨方式提供国有土地使用权的，建设单位在报送有关部门批准或者核准前，应当向城乡规划主管部门申请核发选址意见书。

前款规定以外的建设项目不需要申请选址意见书。

第三十七条 在城市、镇规划区内以划拨方式提供国有土地使用权的建设项目，经有关部门批准、核准、备案后，建设单位应当向城市、县人民政府城乡规划主管部门提出建设用地规划许可申请，由城市、县人民政府城乡规划主管部门依据控制性详细规划核定建设用地的位置、面积、允许建设的范围，核发建设用地规划许可证。

建设单位在取得建设用地规划许可证后，方可向县级以上地方人民政府土地主管部门申请用地，经县级以上人民政府审批后，由土地主管部门划拨土地。

第三十八条 在城市、镇规划区内以出让方式提供国有土地使用权的，在国有土地使用权出让前，城市、县人民政府城乡规划主管部门应当依据控制性详细规划，提出出让地块的位置、使用性质、开发强度等规划条件，作为国有土地使用权出让合同的组成部分。未确定规划条件的地块，不得出让国有土地使用权。

以出让方式取得国有土地使用权的建设项目，在签订国有土地使用权出让合同后，建设单位应当持建设项目的批准、核准、备案文件和国有土地使用权出让合同，向城市、县人民政府城乡规划主管部门领取建设用地规划许可证。

城市、县人民政府城乡规划主管部门不得在建设用地规划许可证中，擅自改变作为国有土地使用权出让合同组成部分的规划条件。

第三十九条　规划条件未纳入国有土地使用权出让合同的，该国有土地使用权出让合同无效；对未取得建设用地规划许可证的建设单位批准用地的，由县级以上人民政府撤销有关批准文件；占用土地的，应当及时退回；给当事人造成损失的，应当依法给予赔偿。

第四十条　在城市、镇规划区内进行建筑物、构筑物、道路、管线和其他工程建设的，建设单位或者个人应当向城市、县人民政府城乡规划主管部门或者省、自治区、直辖市人民政府确定的镇人民政府申请办理建设工程规划许可证。

申请办理建设工程规划许可证，应当提交使用土地的有关证明文件、建设工程设计方案等材料。需要建设单位编制修建性详细规划的建设项目，还应当提交修建性详细规划。对符合控制性详细规划和规划条件的，由城市、县人民政府城乡规划主管部门或者省、自治区、直辖市人民政府确定的镇人民政府核发建设工程规划许可证。

城市、县人民政府城乡规划主管部门或者省、自治区、直辖市人民政府确定的镇人民政府应当依法将经审定的修建性详细规划、建设工程设计方案的总平面图予以公布。

第四十一条 在乡、村庄规划区内进行乡镇企业、乡村公共设施和公益事业建设的，建设单位或者个人应当向乡、镇人民政府提出申请，由乡、镇人民政府报城市、县人民政府城乡规划主管部门核发乡村建设规划许可证。

在乡、村庄规划区内使用原有宅基地进行农村村民住宅建设的规划管理办法，由省、自治区、直辖市制定。

在乡、村庄规划区内进行乡镇企业、乡村公共设施和公益事业建设以及农村村民住宅建设，不得占用农用地；确需占用农用地的，应当依照《中华人民共和国土地管理法》有关规定办理农用地转用审批手续后，由城市、县人民政府城乡规划主管部门核发乡村建设规划许可证。

建设单位或者个人在取得乡村建设规划许可证后，方可办理用地审批手续。

第四十二条 城乡规划主管部门不得在城乡规划确定的建设用地范围以外作出规划许可。

第四十三条 建设单位应当按照规划条件进行建设；确需变更的，必须向城市、县人民政府城乡规划主管部门提出申请。变更内容不符合控制性详细规划的，城乡规划主管部门不得批准。城市、县人民政府城乡规划主管部门应当及时将依法变更后的规划条件通报同级土地主管部门并公示。

建设单位应当及时将依法变更后的规划条件报有关人民政府土地主管部门备案。

第四十四条 在城市、镇规划区内进行临时建设的，应当经城市、县人民政府城乡规划主管部门批准。临时建设影响近期建设规划或者控制性详细规划的实施以及交通、市容、安全等的，不得批准。

临时建设应当在批准的使用期限内自行拆除。

临时建设和临时用地规划管理的具体办法，由省、自治区、直辖市人民政府制定。

第四十五条　县级以上地方人民政府城乡规划主管部门按照国务院规定对建设工程是否符合规划条件予以核实。未经核实或者经核实不符合规划条件的，建设单位不得组织竣工验收。

建设单位应当在竣工验收后六个月内向城乡规划主管部门报送有关竣工验收资料。

第四章　城乡规划的修改

第四十六条　省域城镇体系规划、城市总体规划、镇总体规划的组织编制机关，应当组织有关部门和专家定期对规划实施情况进行评估，并采取论证会、听证会或者其他方式征求公众意见。组织编制机关应当向本级人民代表大会常务委员会、镇人民代表大会和原审批机关提出评估报告并附具征求意见的情况。

第四十七条　有下列情形之一的，组织编制机关方可按照规定的权限和程序修改省域城镇体系规划、城市总体规划、镇总体规划：

（一）上级人民政府制定的城乡规划发生变更，提出修改规划要求的；

（二）行政区划调整确需修改规划的；

（三）因国务院批准重大建设工程确需修改规划的；

（四）经评估确需修改规划的；

（五）城乡规划的审批机关认为应当修改规划的其他情形。

修改省域城镇体系规划、城市总体规划、镇总体规划前，组织编制机关应当对原规划的实施情况进行总结，并向原审批机关报告;修改涉及城市总体规划、镇总体规划强制性内容的,应当先向原审批机关提出专题报告,经同意后,方可编制修改方案。

修改后的省域城镇体系规划、城市总体规划、镇总体规划,应当依照本法第十三条、第十四条、第十五条和第十六条规定的审批程序报批。

第四十八条 修改控制性详细规划的,组织编制机关应当对修改的必要性进行论证,征求规划地段内利害关系人的意见,并向原审批机关提出专题报告,经原审批机关同意后,方可编制修改方案。修改后的控制性详细规划,应当依照本法第十九条、第二十条规定的审批程序报批。控制性详细规划修改涉及城市总体规划、镇总体规划的强制性内容的,应当先修改总体规划。

修改乡规划、村庄规划的,应当依照本法第二十二条规定的审批程序报批。

第四十九条 城市、县、镇人民政府修改近期建设规划的,应当将修改后的近期建设规划报总体规划审批机关备案。

第五十条 在选址意见书、建设用地规划许可证、建设工程规划许可证或者乡村建设规划许可证发放后,因依法修改城乡规划给被许可人合法权益造成损失的,应当依法给予补偿。

经依法审定的修建性详细规划、建设工程设计方案的总平面图不得随意修改;确需修改的,城乡规划主管部门应当采取听证会等形式,听取利害关系人的意见;因修改给利害关系人合法权益造成损失的,应当依法给予补偿。

第五章 监督检查

第五十一条 县级以上人民政府及其城乡规划主管部门应当加强对城乡规划编制、审批、实施、修改的监督检查。

第五十二条 地方各级人民政府应当向本级人民代表大会常务委员会或者乡、镇人民代表大会报告城乡规划的实施情况，并接受监督。

第五十三条 县级以上人民政府城乡规划主管部门对城乡规划的实施情况进行监督检查，有权采取以下措施：

（一）要求有关单位和人员提供与监督事项有关的文件、资料，并进行复制；

（二）要求有关单位和人员就监督事项涉及的问题作出解释和说明，并根据需要进入现场进行勘测；

（三）责令有关单位和人员停止违反有关城乡规划的法律、法规的行为。

城乡规划主管部门的工作人员履行前款规定的监督检查职责，应当出示执法证件。被监督检查的单位和人员应当予以配合，不得妨碍和阻挠依法进行的监督检查活动。

第五十四条 监督检查情况和处理结果应当依法公开，供公众查阅和监督。

第五十五条 城乡规划主管部门在查处违反本法规定的行为时，发现国家机关工作人员依法应当给予行政处分的，应当向其任免机关或者监察机关提出处分建议。

第五十六条 依照本法规定应当给予行政处罚，而有关城乡规划主管部门不给予行政处罚的，上级人民政府城乡规划主管部门有权责令其作出行政处罚决定或者建议有关人民政府责令其给予行政处罚。

第五十七条 城乡规划主管部门违反本法规定作出行政许可的，上级人民政府城乡规划主管部门有权责令其撤销或者直接撤销该行政许可。因撤销行政许可给当事人合法权益造成损失的，应当依法给予赔偿。

第六章　法律责任

第五十八条　对依法应当编制城乡规划而未组织编制，或者未按法定程序编制、审批、修改城乡规划的，由上级人民政府责令改正，通报批评；对有关人民政府负责人和其他直接责任人员依法给予处分。

第五十九条　城乡规划组织编制机关委托不具有相应资质等级的单位编制城乡规划的，由上级人民政府责令改正，通报批评；对有关人民政府负责人和其他直接责任人员依法给予处分。

第六十条　镇人民政府或者县级以上人民政府城乡规划主管部门有下列行为之一的，由本级人民政府、上级人民政府城乡规划主管部门或者监察机关依据职权责令改正，通报批评；对直接负责的主管人员和其他直接责任人员依法给予处分：

（一）未依法组织编制城市的控制性详细规划、县人民政府所在地镇的控制性详细规划的；

（二）超越职权或者对不符合法定条件的申请人核发选址意见书、建设用地规划许可证、建设工程规划许可证、乡村建设规划许可证的；

（三）对符合法定条件的申请人未在法定期限内核发选址意见书、建设用地规划许可证、建设工程规划许可证、乡村建设规划许可证的；

（四）未依法对经审定的修建性详细规划、建设工程设计方案的总平面图予以公布的；

（五）同意修改修建性详细规划、建设工程设计方案的总平面图前未采取听证会等形式听取利害关系人的意见的；

（六）发现未依法取得规划许可或者违反规划许可的规定在规

划区内进行建设的行为，而不予查处或者接到举报后不依法处理的。

第六十一条 县级以上人民政府有关部门有下列行为之一的，由本级人民政府或者上级人民政府有关部门责令改正，通报批评；对直接负责的主管人员和其他直接责任人员依法给予处分：

（一）对未依法取得选址意见书的建设项目核发建设项目批准文件的；

（二）未依法在国有土地使用权出让合同中确定规划条件或者改变国有土地使用权出让合同中依法确定的规划条件的；

（三）对未依法取得建设用地规划许可证的建设单位划拨国有土地使用权的。

第六十二条 城乡规划编制单位有下列行为之一的，由所在地城市、县人民政府城乡规划主管部门责令限期改正，处合同约定的规划编制费一倍以上二倍以下的罚款；情节严重的，责令停业整顿，由原发证机关降低资质等级或者吊销资质证书；造成损失的，依法承担赔偿责任：

（一）超越资质等级许可的范围承揽城乡规划编制工作的；

（二）违反国家有关标准编制城乡规划的。

未依法取得资质证书承揽城乡规划编制工作的，由县级以上地方人民政府城乡规划主管部门责令停止违法行为，依照前款规定处以罚款；造成损失的，依法承担赔偿责任。

以欺骗手段取得资质证书承揽城乡规划编制工作的，由原发证机关吊销资质证书，依照本条第一款规定处以罚款；造成损失的，依法承担赔偿责任。

第六十三条 城乡规划编制单位取得资质证书后，不再符合相应的资质条件的，由原发证机关责令限期改正；逾期不改正的，降低资质等级或者吊销资质证书。

第六十四条 未取得建设工程规划许可证或者未按照建设工程规划许可证的规定进行建设的，由县级以上地方人民政府城乡规划主管部门责令停止建设；尚可采取改正措施消除对规划实施的影响的，限期改正，处建设工程造价百分之五以上百分之十以下的罚款；无法采取改正措施消除影响的，限期拆除，不能拆除的，没收实物或者违法收入，可以并处建设工程造价百分之十以下的罚款。

第六十五条 在乡、村庄规划区内未依法取得乡村建设规划许可证或者未按照乡村建设规划许可证的规定进行建设的，由乡、镇人民政府责令停止建设、限期改正；逾期不改正的，可以拆除。

第六十六条 建设单位或者个人有下列行为之一的，由所在地城市、县人民政府城乡规划主管部门责令限期拆除，可以并处临时建设工程造价一倍以下的罚款：

(一)未经批准进行临时建设的；

(二)未按照批准内容进行临时建设的；

(三)临时建筑物、构筑物超过批准期限不拆除的。

第六十七条 建设单位未在建设工程竣工验收后六个月内向城乡规划主管部门报送有关竣工验收资料的，由所在地城市、县人民政府城乡规划主管部门责令限期补报；逾期不补报的，处一万元以上五万元以下的罚款。

第六十八条 城乡规划主管部门作出责令停止建设或者限期拆除的决定后，当事人不停止建设或者逾期不拆除的，建设工程所在地县级以上地方人民政府可以责成有关部门采取查封施工现场、强制拆除等措施。

第六十九条 违反本法规定，构成犯罪的，依法追究刑事责任。

第七章 附 则

第七十条 本法自 2008 年 1 月 1 日起施行。《中华人民共和国城市规划法》同时废止。

地震安全性评价管理条例

（2001 年 11 月 15 日中华人民共和国国务院令第 323 号公布，自 2002 年 1 月 1 日起施行。根据 2017 年 3 月 1 日国务院令第 676 号公布的《国务院关于修改和废止部分行政法规的决定》修正）

第一章　总　则

第一条　为了加强对地震安全性评价的管理，防御与减轻地震灾害，保护人民生命和财产安全，根据《中华人民共和国防震减灾法》的有关规定，制定本条例。

第二条　在中华人民共和国境内从事地震安全性评价活动，必须遵守本条例。

第三条　新建、扩建、改建建设工程，依照《中华人民共和国防震减灾法》和本条例的规定，需要进行地震安全性评价的，必须严格执行国家地震安全性评价的技术规范，确保地震安全性评价的质量。

第四条　国务院地震工作主管部门负责全国的地震安全性评价的监督管理工作。

县级以上地方人民政府负责管理地震工作的部门或者机构负

责本行政区域内的地震安全性评价的监督管理工作。

第五条　国家鼓励、扶持有关地震安全性评价的科技研究，推广应用先进的科技成果，提高地震安全性评价的科技水平。

第二章　地震安全性评价单位的资质

第六条　国家对从事地震安全性评价的单位实行资质管理制度。

从事地震安全性评价的单位必须取得地震安全性评价资质证书，方可进行地震安全性评价。

第七条　从事地震安全性评价的单位具备下列条件，方可向国务院地震工作主管部门或者省、自治区、直辖市人民政府负责管理地震工作的部门或者机构申请领取地震安全性评价资质证书：

（一）有与从事地震安全性评价相适应的地震学、地震地质学、工程地震学方面的专业技术人员；

（二）有从事地震安全性评价的技术条件。

第八条　国务院地震工作主管部门或者省、自治区、直辖市人民政府负责管理地震工作的部门或者机构，应当自收到地震安全性评价资质申请书之日起30日内作出审查决定。对符合条件的，颁发地震安全性评价资质证书；对不符合条件的，应当及时书面通知申请单位并说明理由。

第九条　地震安全性评价单位应当在其资质许可的范围内承揽地震安全性评价业务。

禁止地震安全性评价单位超越其资质许可的范围或者以其他地震安全性评价单位的名义承揽地震安全性评价业务。禁止地震安全性评价单位允许其他单位以本单位的名义承揽地震安全性评价业务。

第十条 地震安全性评价资质证书的式样，由国务院地震工作主管部门统一规定。

第三章 地震安全性评价的范围和要求

第十一条 下列建设工程必须进行地震安全性评价：

（一）国家重大建设工程；

（二）受地震破坏后可能引发水灾、火灾、爆炸、剧毒或者强腐蚀性物质大量泄露或者其他严重次生灾害的建设工程，包括水库大坝、堤防和贮油、贮气，贮存易燃易爆、剧毒或者强腐蚀性物质的设施以及其他可能发生严重次生灾害的建设工程；

（三）受地震破坏后可能引发放射性污染的核电站和核设施建设工程；

（四）省、自治区、直辖市认为对本行政区域有重大价值或者有重大影响的其他建设工程。

第十二条 地震安全性评价单位对建设工程进行地震安全性评价后，应当编制该建设工程的地震安全性评价报告。

地震安全性评价报告应当包括下列内容：

（一）工程概况和地震安全性评价的技术要求；

（二）地震活动环境评价；

（三）地震地质构造评价；

（四）设防烈度或者设计地震动参数；

（五）地震地质灾害评价；

（六）其他有关技术资料。

第四章 地震安全性评价报告的审定

第十三条 国务院地震工作主管部门负责下列地震安全性评

价报告的审定：

（一）国家重大建设工程；

（二）跨省、自治区、直辖市行政区域的建设工程；

（三）核电站和核设施建设工程。

省、自治区、直辖市人民政府负责管理地震工作的部门或者机构负责除前款规定以外的建设工程地震安全性评价报告的审定。

第十四条　国务院地震工作主管部门和省、自治区、直辖市人民政府负责管理地震工作的部门或者机构，应当自收到地震安全性评价报告之日起15日内进行审定，确定建设工程的抗震设防要求。

第十五条　国务院地震工作主管部门或者省、自治区、直辖市人民政府负责管理地震工作的部门或者机构，在确定建设工程抗震设防要求后，应当以书面形式通知建设单位，并告知建设工程所在地的市、县人民政府负责管理地震工作的部门或者机构。

省、自治区、直辖市人民政府负责管理地震工作的部门或者机构应当将其确定的建设工程抗震设防要求报国务院地震工作主管部门备案。

第五章　监督管理

第十六条　县级以上人民政府负责项目审批的部门，应当将抗震设防要求纳入建设工程可行性研究报告的审查内容。对可行性研究报告中未包含抗震设防要求的项目，不予批准。

第十七条　国务院建设行政主管部门和国务院铁路、交通、民用航空、水利和其他有关专业主管部门制定的抗震设计规范，应当明确规定按照抗震设防要求进行抗震设计的方法和措施。

第十八条　建设工程设计单位应当按照抗震设防要求和抗震

设计规范，进行抗震设计。

第十九条 国务院地震工作主管部门和县级以上地方人民政府负责管理地震工作的部门或者机构，应当会同有关专业主管部门，加强对地震安全性评价工作的监督检查。

第六章 罚 则

第二十条 违反本条例规定，未取得地震安全性评价资质证书的单位承揽地震安全性评价业务的，由国务院地震工作主管部门或者县级以上地方人民政府负责管理地震工作的部门或者机构依据职权，责令改正，没收违法所得，并处1万元以上5万元以下的罚款。

第二十一条 违反本条例的规定，地震安全性评价单位有下列行为之一的，由国务院地震工作主管部门或者县级以上地方人民政府负责管理地震工作的部门或者机构依据职权，责令改正，没收违法所得，并处1万元以上5万元以下的罚款；情节严重的，由颁发资质证书的部门或者机构吊销资质证书：

（一）超越其资质许可的范围承揽地震安全性评价业务的；

（二）以其他地震安全性评价单位的名义承揽地震安全性评价业务的；

（三）允许其他单位以本单位名义承揽地震安全性评价业务的。

第二十二条 违反本条例的规定，国务院地震工作主管部门或者省、自治区、直辖市人民政府负责管理地震工作的部门或者机构向不符合条件的单位颁发地震安全性评价资质证书和审定地震安全性评价报告，国务院地震工作主管部门或者县级以上地方人民政府负责管理地震工作的部门或者机构不履行监督管理职责，或者发现违法行为不予查处，致使公共财产、国家和人民利益遭受重大损失的，依法追究有关责任人的刑事责任；没有造成严重后果，尚不构成犯罪的，对部门或者机构负有责任的主管人员和其他直接责任人员给予降级或者撤职的行政处分。

第七章　附　则

第二十三条　本条例自 2002 年 1 月 1 日起施行。

建设工程勘察设计管理条例

（2000 年 9 月 25 日中华人民共和国国务院令第 293 号公布，根据 2015 年 6 月 12 日《国务院关于修改〈建设工程勘察设计管理条例〉的决定》修订）

第一章　总　则

第一条　为了加强对建设工程勘察、设计活动的管理，保证建设工程勘察、设计质量，保护人民生命和财产安全，制定本条例。

第二条　从事建设工程勘察、设计活动，必须遵守本条例。

本条例所称建设工程勘察，是指根据建设工程的要求，查明、分析、评价建设场地的地质地理环境特征和岩土工程条件，编制建设工程勘察文件的活动。

本条例所称建设工程设计，是指根据建设工程的要求，对建设工程所需的技术、经济、资源、环境等条件进行综合分析、论证，编制建设工程设计文件的活动。

第三条　建设工程勘察、设计应当与社会、经济发展水平相适应，做到经济效益、社会效益和环境效益相统一。

第四条　从事建设工程勘察、设计活动，应当坚持先勘察、后设计、再施工的原则。

第五条 县级以上人民政府建设行政主管部门和交通、水利等有关部门应当依照本条例的规定，加强对建设工程勘察、设计活动的监督管理。

建设工程勘察、设计单位必须依法进行建设工程勘察、设计，严格执行工程建设强制性标准，并对建设工程勘察、设计的质量负责。

第六条 国家鼓励在建设工程勘察、设计活动中采用先进技术、先进工艺、先进设备、新型材料和现代管理方法。

第二章 资质资格管理

第七条 国家对从事建设工程勘察、设计活动的单位，实行资质管理制度。具体办法由国务院建设行政主管部门商国务院有关部门制定。

第八条 建设工程勘察、设计单位应当在其资质等级许可的范围内承揽建设工程勘察、设计业务。

禁止建设工程勘察、设计单位超越其资质等级许可的范围或者以其他建设工程勘察、设计单位的名义承揽建设工程勘察、设计业务。禁止建设工程勘察、设计单位允许其他单位或者个人以本单位的名义承揽建设工程勘察、设计业务。

第九条 国家对从事建设工程勘察、设计活动的专业技术人员，实行执业资格注册管理制度。

未经注册的建设工程勘察、设计人员，不得以注册执业人员的名义从事建设工程勘察、设计活动。

第十条 建设工程勘察、设计注册执业人员和其他专业技术人员只能受聘于一个建设工程勘察、设计单位；未受聘于建设工程勘察、设计单位的，不得从事建设工程的勘察、设计活动。

第十一条 建设工程勘察、设计单位资质证书和执业人员注册证书，由国务院建设行政主管部门统一制作。

第三章 建设工程勘察设计发包与承包

第十二条 建设工程勘察、设计发包依法实行招标发包或者直接发包。

第十三条 建设工程勘察、设计应当依照《中华人民共和国招标投标法》的规定，实行招标发包。

第十四条 建设工程勘察、设计方案评标，应当以投标人的业绩、信誉和勘察、设计人员的能力以及勘察、设计方案的优劣为依据，进行综合评定。

第十五条 建设工程勘察、设计的招标人应当在评标委员会推荐的候选方案中确定中标方案。但是，建设工程勘察、设计的招标人认为评标委员会推荐的候选方案不能最大限度满足招标文件规定的要求的，应当依法重新招标。

第十六条 下列建设工程的勘察、设计，经有关主管部门批准，可以直接发包：

（一）采用特定的专利或者专有技术的；

（二）建筑艺术造型有特殊要求的；

（三）国务院规定的其他建设工程的勘察、设计。

第十七条 发包方不得将建设工程勘察、设计业务发包给不具有相应勘察、设计资质等级的建设工程勘察、设计单位。

第十八条 发包方可以将整个建设工程的勘察、设计发包给一个勘察、设计单位；也可以将建设工程的勘察、设计分别发包给几个勘察、设计单位。

第十九条 除建设工程主体部分的勘察、设计外，经发包方书面同意，承包方可以将建设工程其他部分的勘察、设计再分包给其他具有相应资质等级的建设工程勘察、设计单位。

第二十条　建设工程勘察、设计单位不得将所承揽的建设工程勘察、设计转包。

第二十一条　承包方必须在建设工程勘察、设计资质证书规定的资质等级和业务范围内承揽建设工程的勘察、设计业务。

第二十二条　建设工程勘察、设计的发包方与承包方，应当执行国家规定的建设工程勘察、设计程序。

第二十三条　建设工程勘察、设计的发包方与承包方应当签订建设工程勘察、设计合同。

第二十四条　建设工程勘察、设计发包方与承包方应当执行国家有关建设工程勘察费、设计费的管理规定。

第四章　建设工程勘察设计文件的编制与实施

第二十五条　编制建设工程勘察、设计文件，应当以下列规定为依据：

（一）项目批准文件；

（二）城乡规划；

（三）工程建设强制性标准；

（四）国家规定的建设工程勘察、设计深度要求。

铁路、交通、水利等专业建设工程，还应当以专业规划的要求为依据。

第二十六条　编制建设工程勘察文件，应当真实、准确，满足建设工程规划、选址、设计、岩土治理和施工的需要。

编制方案设计文件，应当满足编制初步设计文件和控制概算的需要。

编制初步设计文件，应当满足编制施工招标文件、主要设备材料订货和编制施工图设计文件的需要。

编制施工图设计文件，应当满足设备材料采购、非标准设备制作和施工的需要，并注明建设工程合理使用年限。

第二十七条 设计文件中选用的材料、构配件、设备，应当注明其规格、型号、性能等技术指标，其质量要求必须符合国家规定的标准。

除有特殊要求的建筑材料、专用设备和工艺生产线等外，设计单位不得指定生产厂、供应商。

第二十八条 建设单位、施工单位、监理单位不得修改建设工程勘察、设计文件；确需修改建设工程勘察、设计文件的，应当由原建设工程勘察、设计单位修改。经原建设工程勘察、设计单位书面同意，建设单位也可以委托其他具有相应资质的建设工程勘察、设计单位修改。修改单位对修改的勘察、设计文件承担相应责任。

施工单位、监理单位发现建设工程勘察、设计文件不符合工程建设强制性标准、合同约定的质量要求的，应当报告建设单位，建设单位有权要求建设工程勘察、设计单位对建设工程勘察、设计文件进行补充、修改。

建设工程勘察、设计文件内容需要作重大修改的，建设单位应当报经原审批机关批准后，方可修改。

第二十九条 建设工程勘察、设计文件中规定采用的新技术、新材料，可能影响建设工程质量和安全，又没有国家技术标准的，应当由国家认可的检测机构进行试验、论证，出具检测报告，并经国务院有关部门或者省、自治区、直辖市人民政府有关部门组织的建设工程技术专家委员会审定后，方可使用。

第三十条 建设工程勘察、设计单位应当在建设工程施工前，向施工单位和监理单位说明建设工程勘察、设计意图，解释建设工程勘察、设计文件。

建设工程勘察、设计单位应当及时解决施工中出现的勘察、设计问题。

第五章 监督管理

第三十一条 国务院建设行政主管部门对全国的建设工程勘察、设计活动实施统一监督管理。国务院铁路、交通、水利等有关部门按照国务院规定的职责分工，负责对全国的有关专业建设工程勘察、设计活动的监督管理。

县级以上地方人民政府建设行政主管部门对本行政区域内的建设工程勘察、设计活动实施监督管理。县级以上地方人民政府交通、水利等有关部门在各自的职责范围内，负责对本行政区域内的有关专业建设工程勘察、设计活动的监督管理。

第三十二条 建设工程勘察、设计单位在建设工程勘察、设计资质证书规定的业务范围内跨部门、跨地区承揽勘察、设计业务的，有关地方人民政府及其所属部门不得设置障碍，不得违反国家规定收取任何费用。

第三十三条 县级以上人民政府建设行政主管部门或者交通、水利等有关部门应当对施工图设计文件中涉及公共利益、公众安全、工程建设强制性标准的内容进行审查。

施工图设计文件未经审查批准的，不得使用。

第三十四条 任何单位和个人对建设工程勘察、设计活动中的违法行为都有权检举、控告、投诉。

第六章 罚 则

第三十五条 违反本条例第八条规定的，责令停止违法行为，处合同约定的勘察费、设计费 1 倍以上 2 倍以下的罚款，有违法所得的，予以没收；可以责令停业整顿，降低资质等级；情节严重的，吊销资质证书。

未取得资质证书承揽工程的，予以取缔，依照前款规定处以罚款；有违法所得的，予以没收。

以欺骗手段取得资质证书承揽工程的，吊销资质证书，依照本条第一款规定处以罚款；有违法所得的，予以没收。

第三十六条 违反本条例规定，未经注册，擅自以注册建设工程勘察、设计人员的名义从事建设工程勘察、设计活动的，责令停止违法行为，没收违法所得，处违法所得 2 倍以上 5 倍以下罚款；给他人造成损失的，依法承担赔偿责任。

第三十七条 违反本条例规定，建设工程勘察、设计注册执业人员和其他专业技术人员未受聘于一个建设工程勘察、设计单位或者同时受聘于两个以上建设工程勘察、设计单位，从事建设工程勘察、设计活动的，责令停止违法行为，没收违法所得，处违法所得 2 倍以上 5 倍以下的罚款；情节严重的，可以责令停止执行业务或者吊销资格证书；给他人造成损失的，依法承担赔偿责任。

第三十八条 违反本条例规定，发包方将建设工程勘察、设计业务发包给不具有相应资质等级的建设工程勘察、设计单位的，责令改正，处 50 万元以上 100 万元以下的罚款。

第三十九条 违反本条例规定，建设工程勘察、设计单位将所承揽的建设工程勘察、设计转包的，责令改正，没收违法所得，处合同约定的勘察费、设计费 25％以上 50％以下的罚款，可以责令停业整顿，降低资质等级；情节严重的，吊销资质证书。

第四十条 违反本条例规定，勘察、设计单位未依据项目批准文件，城乡规划及专业规划，国家规定的建设工程勘察、设计深度要求编制建设工程勘察、设计文件的，责令限期改正；逾期不改正的，处10万元以上30万元以下的罚款；造成工程质量事故或者环境污染和生态破坏的，责令停业整顿，降低资质等级；情节严重的，吊销资质证书；造成损失的，依法承担赔偿责任。

第四十一条　违反本条例规定，有下列行为之一的，依照《建设工程质量管理条例》第六十三条的规定给予处罚：

（一）勘察单位未按照工程建设强制性标准进行勘察的；

（二）设计单位未根据勘察成果文件进行工程设计的；

（三）设计单位指定建筑材料、建筑构配件的生产厂、供应商的；

（四）设计单位未按照工程建设强制性标准进行设计的。

第四十二条　本条例规定的责令停业整顿、降低资质等级和吊销资质证书、资格证书的行政处罚，由颁发资质证书、资格证书的机关决定；其他行政处罚，由建设行政主管部门或者其他有关部门依据法定职权范围决定。

依照本条例规定被吊销资质证书的，由工商行政管理部门吊销其营业执照。

第四十三条　国家机关工作人员在建设工程勘察、设计活动的监督管理工作中玩忽职守、滥用职权、徇私舞弊，构成犯罪的，依法追究刑事责任；尚不构成犯罪的，依法给予行政处分。

第七章　附　则

第四十四条　抢险救灾及其他临时性建筑和农民自建两层以下住宅的勘察、设计活动，不适用本条例。

第四十五条　军事建设工程勘察、设计的管理，按照中央军事委员会的有关规定执行。

第四十六条　本条例自公布之日起施行。

建设工程质量管理条例

（2000年1月10日国务院令第279号发布，自发布之日起施行）

第一章　总　则

第一条　为了加强对建设工程质量的管理，保证建设工程质量，保护人民生命和财产安全，根据《中华人民共和国建筑法》，制定本条例。

第二条　凡在中华人民共和国境内从事建设工程的新建、扩建、改建等有关活动及实施对建设工程质量监督管理的，必须遵守本条例。

本条例所称建设工程，是指土木工程、建筑工程、线路管道和设备安装工程及装修工程。

第三条　建设单位、勘察单位、设计单位、施工单位、工程监理单位依法对建设工程质量负责。

第四条　县级以上人民政府建设行政主管部门和其他有关部门应当加强对建设工程质量的监督管理。

第五条　从事建设工程活动，必须严格执行基本建设程序，坚持先勘察、后设计、再施工的原则。

县级以上人民政府及其有关部门不得超越权限审批建设项目或者擅自简化基本建设程序。

第六条 国家鼓励采用先进的科学技术和管理方法，提高建设工程质量。

第二章 建设单位的质量责任和义务

第七条 建设单位应当将工程发包给具有相应资质等级的单位。

建设单位不得将建设工程肢解发包。

第八条 建设单位应当依法对工程建设项目的勘察、设计、施工、监理以及与工程建设有关的重要设备、材料等的采购进行招标。

第九条 建设单位必须向有关的勘察、设计、施工、工程监理等单位提供与建设工程有关的原始资料。

原始资料必须真实、准确、齐全。

第十条 建设工程发包单位，不得迫使承包方以低于成本的价格竞标，不得任意压缩合理工期。

建设单位不得明示或者暗示设计单位或者施工单位违反工程建设强制性标准，降低建设工程质量。

第十一条 建设单位应当将施工图设计文件报县级以上人民政府建设行政主管部门或者其他有关部门审查。施工图设计文件审查的具体办法，由国务院建设行政主管部门会同国务院其他有关部门制定。

施工图设计文件未经审查批准的，不得使用。

第十二条 实行监理的建设工程，建设单位应当委托具有相应资质等级的工程监理单位进行监理，也可以委托具有工程监理相应资质等级并与被监理工程的施工承包单位没有隶属关系或者其他利害关系的该工程的设计单位进行监理。

下列建设工程必须实行监理：

（一）国家重点建设工程；

（二）大中型公用事业工程；

（三）成片开发建设的住宅小区工程；

（四）利用外国政府或者国际组织贷款、援助资金的工程；

（五）国家规定必须实行监理的其他工程。

第十三条 建设单位在领取施工许可证或者开工报告前，应当按照国家有关规定办理工程质量监督手续。

第十四条 按照合同约定，由建设单位采购建筑材料、建筑构配件和设备的，建设单位应当保证建筑材料、建筑构配件和设备符合设计文件和合同要求。

建设单位不得明示或者暗示施工单位使用不合格的建筑材料、建筑构配件和设备。

第十五条 涉及建筑主体和承重结构变动的装修工程，建设单位应当在施工前委托原设计单位或者具有相应资质等级的设计单位提出设计方案；没有设计方案的，不得施工。

房屋建筑使用者在装修过程中，不得擅自变动房屋建筑主体和承重结构。

第十六条 建设单位收到建设工程竣工报告后，应当组织设计、施工、工程监理等有关单位进行竣工验收。

建设工程竣工验收应当具备下列条件：

（一）完成建设工程设计和合同约定的各项内容；

（二）有完整的技术档案和施工管理资料；

（三）有工程使用的主要建筑材料、建筑构配件和设备的进场试验报告；

（四）有勘察、设计、施工、工程监理等单位分别签署的质量合格文件；

（五）有施工单位签署的工程保修书。

建设工程经验收合格的，方可交付使用。

第十七条 建设单位应当严格按照国家有关档案管理的规定，及时收集、整理建设项目各环节的文件资料，建立、健全建设项目档案，并在建设工程竣工验收后，及时向建设行政主管部门或者其他有关部门移交建设项目档案。

第三章 勘察、设计单位的质量责任和义务

第十八条 从事建设工程勘察、设计的单位应当依法取得相应等级的资质证书，并在其资质等级许可的范围内承揽工程。

禁止勘察、设计单位超越其资质等级许可的范围或者以其他勘察、设计单位的名义承揽工程。禁止勘察、设计单位允许其他单位或者个人以本单位的名义承揽工程。

勘察、设计单位不得转包或者违法分包所承揽的工程。

第十九条 勘察、设计单位必须按照工程建设强制性标准进行勘察、设计，并对其勘察、设计的质量负责。

注册建筑师、注册结构工程师等注册执业人员应当在设计文件上签字，对设计文件负责。

第二十条 勘察单位提供的地质、测量、水文等勘察成果必须真实、准确。

第二十一条 设计单位应当根据勘察成果文件进行建设工程设计。

设计文件应当符合国家规定的设计深度要求，注明工程合理使用年限。

第二十二条 设计单位在设计文件中选用的建筑材料、建筑构配件和设备，应当注明规格、型号、性能等技术指标，其质量要求必须符合国家规定的标准。

除有特殊要求的建筑材料、专用设备、工艺生产线等外，设计单位不得指定生产厂、供应商。

第二十三条 设计单位应当就审查合格的施工图设计文件向施工单位作出详细说明。

第二十四条 设计单位应当参与建设工程质量事故分析，并对因设计造成的质量事故，提出相应的技术处理方案。

第四章 施工单位的质量责任和义务

第二十五条 施工单位应当依法取得相应等级的资质证书，并在其资质等级许可的范围内承揽工程。

禁止施工单位超越本单位资质等级许可的业务范围或者以其他施工单位的名义承揽工程。禁止施工单位允许其他单位或者个人以本单位的名义承揽工程。

施工单位不得转包或者违法分包工程。

第二十六条 施工单位对建设工程的施工质量负责。

施工单位应当建立质量责任制，确定工程项目的项目经理、技术负责人和施工管理负责人。

建设工程实行总承包的，总承包单位应当对全部建设工程质量负责；建设工程勘察、设计、施工、设备采购的一项或者多项实行总承包的，总承包单位应当对其承包的建设工程或者采购的设备的质量负责。

第二十七条 总承包单位依法将建设工程分包给其他单位的，分包单位应当按照分包合同的约定对其分包工程的质量向总承包单位负责，总承包单位与分包单位对分包工程的质量承担连带责任。

第二十八条 施工单位必须按照工程设计图纸和施工技术标准施工，不得擅自修改工程设计，不得偷工减料。

施工单位在施工过程中发现设计文件和图纸有差错的，应当及时提出意见和建议。

第二十九条 施工单位必须按照工程设计要求、施工技术标准和合同约定，对建筑材料、建筑构配件、设备和商品混凝土进行检验，检验应当有书面记录和专人签字；未经检验或者检验不合格的，不得使用。

第三十条 施工单位必须建立、健全施工质量的检验制度，严格工序管理，作好隐蔽工程的质量检查和记录。隐蔽工程在隐蔽前，施工单位应当通知建设单位和建设工程质量监督机构。

第三十一条 施工人员对涉及结构安全的试块、试件以及有关材料，应当在建设单位或者工程监理单位监督下现场取样，并送具有相应资质等级的质量检测单位进行检测。

第三十二条 施工单位对施工中出现质量问题的建设工程或者竣工验收不合格的建设工程，应当负责返修。

第三十三条 施工单位应当建立、健全教育培训制度，加强对职工的教育培训；未经教育培训或者考核不合格的人员，不得上岗作业。

第五章 工程监理单位的质量责任和义务

第三十四条 工程监理单位应当依法取得相应等级的资质证书，并在其资质等级许可的范围内承担工程监理业务。

禁止工程监理单位超越本单位资质等级许可的范围或者以其

他工程监理单位的名义承担工程监理业务。禁止工程监理单位允许其他单位或者个人以本单位的名义承担工程监理业务。

工程监理单位不得转让工程监理业务。

第三十五条 工程监理单位与被监理工程的施工承包单位以及建筑材料、建筑构配件和设备供应单位有隶属关系或者其他利害关系的，不得承担该项建设工程的监理业务。

第三十六条 工程监理单位应当依照法律、法规以及有关技术标准、设计文件和建设工程承包合同，代表建设单位对施工质量实施监理，并对施工质量承担监理责任。

第三十七条 工程监理单位应当选派具备相应资格的总监理工程师和监理工程师进驻施工现场。

未经监理工程师签字，建筑材料、建筑构配件和设备不得在工程上使用或者安装，施工单位不得进行下一道工序的施工。未经总监理工程师签字，建设单位不拨付工程款，不进行竣工验收。

第三十八条 监理工程师应当按照工程监理规范的要求，采取旁站、巡视和平行检验等形式，对建设工程实施监理。

第六章　建设工程质量保修

第三十九条 建设工程实行质量保修制度。

建设工程承包单位在向建设单位提交工程竣工验收报告时，应当向建设单位出具质量保修书。质量保修书中应当明确建设工程的保修范围、保修期限和保修责任等。

第四十条 在正常使用条件下，建设工程的最低保修期限为：

（一）基础设施工程、房屋建筑的地基基础工程和主体结构工程，为设计文件规定的该工程的合理使用年限；

（二）屋面防水工程、有防水要求的卫生间、房间和外墙面的防

渗漏,为5年;

(三)供热与供冷系统,为2个采暖期、供冷期;

(四)电气管线、给排水管道、设备安装和装修工程,为2年。

其他项目的保修期限由发包方与承包方约定。

建设工程的保修期,自竣工验收合格之日起计算。

第四十一条　建设工程在保修范围和保修期限内发生质量问题的,施工单位应当履行保修义务,并对造成的损失承担赔偿责任。

第四十二条　建设工程在超过合理使用年限后需要继续使用的,产权所有人应当委托具有相应资质等级的勘察、设计单位鉴定,并根据鉴定结果采取加固、维修等措施,重新界定使用期。

第七章　监督管理

第四十三条　国家实行建设工程质量监督管理制度。

国务院建设行政主管部门对全国的建设工程质量实施统一监督管理。国务院铁路、交通、水利等有关部门按照国务院规定的职责分工,负责对全国的有关专业建设工程质量的监督管理。

县级以上地方人民政府建设行政主管部门对本行政区域内的建设工程质量实施监督管理。县级以上地方人民政府交通、水利等有关部门在各自的职责范围内,负责对本行政区域内的专业建设工程质量的监督管理。

第四十四条　国务院建设行政主管部门和国务院铁路、交通、水利等有关部门应当加强对有关建设工程质量的法律、法规和强制性标准执行情况的监督检查。

第四十五条　国务院发展计划部门按照国务院规定的职责,组织稽察特派员,对国家出资的重大建设项目实施监督检查。

国务院经济贸易主管部门按照国务院规定的职责，对国家重大技术改造项目实施监督检查。

第四十六条 建设工程质量监督管理，可以由建设行政主管部门或者其他有关部门委托的建设工程质量监督机构具体实施。

从事房屋建筑工程和市政基础设施工程质量监督的机构，必须按照国家有关规定经国务院建设行政主管部门或者省、自治区、直辖市人民政府建设行政主管部门考核；从事专业建设工程质量监督的机构，必须按照国家有关规定经国务院有关部门或者省、自治区、直辖市人民政府有关部门考核。经考核合格后，方可实施质量监督。

第四十七条 县级以上地方人民政府建设行政主管部门和其他有关部门应当加强对有关建设工程质量的法律、法规和强制性标准执行情况的监督检查。

第四十八条 县级以上人民政府建设行政主管部门和其他有关部门履行监督检查职责时，有权采取下列措施：

（一）要求被检查的单位提供有关工程质量的文件和资料；

（二）进入被检查单位的施工现场进行检查；

（三）发现有影响工程质量的问题时，责令改正。

第四十九条 建设单位应当自建设工程竣工验收合格之日起15日内，将建设工程竣工验收报告和规划、公安消防、环保等部门出具的认可文件或者准许使用文件报建设行政主管部门或者其他有关部门备案。

建设行政主管部门或者其他有关部门发现建设单位在竣工验收过程中有违反国家有关建设工程质量管理规定行为的，责令停止使用，重新组织竣工验收。

第五十条 有关单位和个人对县级以上人民政府建设行政主管部门和其他有关部门进行的监督检查应当支持与配合，不得拒绝或者阻碍建设工程质量监督检查人员依法执行职务。

第五十一条 供水、供电、供气、公安消防等部门或者单位不得明示或者暗示建设单位、施工单位购买其指定的生产供应单位的建筑材料、建筑构配件和设备。

第五十二条 建设工程发生质量事故，有关单位应当在24小时内向当地建设行政主管部门和其他有关部门报告。对重大质量事故，事故发生地的建设行政主管部门和其他有关部门应当按照事故类别和等级向当地人民政府和上级建设行政主管部门和其他有关部门报告。

特别重大质量事故的调查程序按照国务院有关规定办理。

第五十三条 任何单位和个人对建设工程的质量事故、质量缺陷都有权检举、控告、投诉。

第八章 罚 则

第五十四条 违反本条例规定，建设单位将建设工程发包给不具有相应资质等级的勘察、设计、施工单位或者委托给不具有相应资质等级的工程监理单位的，责令改正，处50万元以上100万元以下的罚款。

第五十五条 违反本条例规定，建设单位将建设工程肢解发包的，责令改正，处工程合同价款0.5%以上1%以下的罚款；对全部或者部分使用国有资金的项目，并可以暂停项目执行或者暂停资金拨付。

第五十六条 违反本条例规定，建设单位有下列行为之一的，责令改正，处20万元以上50万元以下的罚款：

(一)迫使承包方以低于成本的价格竞标的；

(二)任意压缩合理工期的；

（三）明示或者暗示设计单位或者施工单位违反工程建设强制性标准，降低工程质量的；

（四）施工图设计文件未经审查或者审查不合格，擅自施工的；

（五）建设项目必须实行工程监理而未实行工程监理的；

（六）未按照国家规定办理工程质量监督手续的；

（七）明示或者暗示施工单位使用不合格的建筑材料、建筑构配件和设备的；

（八）未按照国家规定将竣工验收报告、有关认可文件或者准许使用文件报送备案的。

第五十七条 违反本条例规定，建设单位未取得施工许可证或者开工报告未经批准，擅自施工的，责令停止施工，限期改正，处工程合同价款1%以上2%以下的罚款。

第五十八条 违反本条例规定，建设单位有下列行为之一的，责令改正，处工程合同价款2%以上4%以下的罚款；造成损失的，依法承担赔偿责任：

（一）未组织竣工验收，擅自交付使用的；

（二）验收不合格，擅自交付使用的；

（三）对不合格的建设工程按照合格工程验收的。

第五十九条 违反本条例规定，建设工程竣工验收后，建设单位未向建设行政主管部门或者其他有关部门移交建设项目档案的，责令改正，处1万元以上10万元以下的罚款。

第六十条 违反本条例规定，勘察、设计、施工、工程监理单位超越本单位资质等级承揽工程的，责令停止违法行为，对勘察、设计单位或者工程监理单位处合同约定的勘察费、设计费或者监理酬金1倍以上2倍以下的罚款；对施工单位处工程合同价款2%以上4%以下的罚款，可以责令停业整顿，降低资质等级；情节严重的，吊销资质证书；有违法所得的，予以没收。

未取得资质证书承揽工程的，予以取缔，依照前款规定处以罚款；有违法所得的，予以没收。

以欺骗手段取得资质证书承揽工程的，吊销资质证书，依照本条第一款规定处以罚款；有违法所得的，予以没收。

第六十一条 违反本条例规定，勘察、设计、施工、工程监理单位允许其他单位或者个人以本单位名义承揽工程的，责令改正，没收违法所得，对勘察、设计单位和工程监理单位处合同约定的勘察费、设计费和监理酬金1倍以上2倍以下的罚款；对施工单位处工程合同价款2%以上4%以下的罚款；可以责令停业整顿，降低资质等级；情节严重的，吊销资质证书。

第六十二条 违反本条例规定，承包单位将承包的工程转包或者违法分包的，责令改正，没收违法所得，对勘察、设计单位处合同约定的勘察费、设计费25%以上50%以下的罚款；对施工单位处工程合同价款0.5%以上1%以下的罚款；可以责令停业整顿，降低资质等级；情节严重的，吊销资质证书。

工程监理单位转让工程监理业务的，责令改正，没收违法所得，处合同约定的监理酬金25%以上50%以下的罚款；可以责令停业整顿，降低资质等级；情节严重的，吊销资质证书。

第六十三条 违反本条例规定，有下列行为之一的，责令改正，处10万元以上30万元以下的罚款：

（一）勘察单位未按照工程建设强制性标准进行勘察的；

（二）设计单位未根据勘察成果文件进行工程设计的；

（三）设计单位指定建筑材料、建筑构配件的生产厂、供应商的；

（四）设计单位未按照工程建设强制性标准进行设计的。

有前款所列行为，造成工程质量事故的，责令停业整顿，降低资质等级；情节严重的，吊销资质证书；造成损失的，依法承担赔偿责任。

第六十四条 违反本条例规定，施工单位在施工中偷工减料的，使用不合格的建筑材料、建筑构配件和设备的，或者有不按照工程设计图纸或者施工技术标准施工的其他行为的，责令改正，处工程合同价款2%以上4%以下的罚款；造成建设工程质量不符合规定的质量标准的，负责返工、修理，并赔偿因此造成的损失；情节严重的，责令停业整顿，降低资质等级或者吊销资质证书。

第六十五条 违反本条例规定，施工单位未对建筑材料、建筑构配件、设备和商品混凝土进行检验，或者未对涉及结构安全的试块、试件以及有关材料取样检测的，责令改正，处10万元以上20万元以下的罚款；情节严重的，责令停业整顿，降低资质等级或者吊销资质证书；造成损失的，依法承担赔偿责任。

第六十六条 违反本条例规定，施工单位不履行保修义务或者拖延履行保修义务的，责令改正，处10万元以上20万元以下的罚款，并对在保修期内因质量缺陷造成的损失承担赔偿责任。

第六十七条 工程监理单位有下列行为之一的，责令改正，处50万元以上100万元以下的罚款，降低资质等级或者吊销资质证书；有违法所得的，予以没收；造成损失的，承担连带赔偿责任：

（一）与建设单位或者施工单位串通，弄虚作假、降低工程质量的；

（二）将不合格的建设工程、建筑材料、建筑构配件和设备按照合格签字的。

第六十八条 违反本条例规定，工程监理单位与被监理工程的施工承包单位以及建筑材料、建筑构配件和设备供应单位有隶属关系或者其他利害关系承担该项建设工程的监理业务的，责令改正，处5万元以上10万元以下的罚款，降低资质等级或者吊销资质证书；有违法所得的，予以没收。

第六十九条 违反本条例规定，涉及建筑主体或者承重结构变动的装修工程，没有设计方案擅自施工的，责令改正，处50万元以上100万元以下的罚款；房屋建筑使用者在装修过程中擅自变动房屋建筑主体和承重结构的，责令改正，处5万元以上10万元以下的罚款。

有前款所列行为，造成损失的，依法承担赔偿责任。

第七十条 发生重大工程质量事故隐瞒不报、谎报或者拖延报告期限的，对直接负责的主管人员和其他责任人员依法给予行政处分。

第七十一条 违反本条例规定，供水、供电、供气、公安消防等部门或者单位明示或者暗示建设单位或者施工单位购买其指定的生产供应单位的建筑材料、建筑构配件和设备的，责令改正。

第七十二条 违反本条例规定，注册建筑师、注册结构工程师、监理工程师等注册执业人员因过错造成质量事故的，责令停止执业1年；造成重大质量事故的，吊销执业资格证书，5年以内不予注册；情节特别恶劣的，终身不予注册。

第七十三条 依照本条例规定，给予单位罚款处罚的，对单位直接负责的主管人员和其他直接责任人员处单位罚款数额5%以上10%以下的罚款。

第七十四条 建设单位、设计单位、施工单位、工程监理单位违反国家规定，降低工程质量标准，造成重大安全事故，构成犯罪的，对直接责任人员依法追究刑事责任。

第七十五条 本条例规定的责令停业整顿，降低资质等级和吊销资质证书的行政处罚，由颁发资质证书的机关决定；其他行政处罚，由建设行政主管部门或者其他有关部门依照法定职权决定。

依照本条例规定被吊销资质证书的，由工商行政管理部门吊销其营业执照。

第七十六条 国家机关工作人员在建设工程质量监督管理工作中玩忽职守、滥用职权、徇私舞弊，构成犯罪的，依法追究刑事责任；尚不构成犯罪的，依法给予行政处分。

第七十七条 建设、勘察、设计、施工、工程监理单位的工作人员因调动工作、退休等原因离开该单位后，被发现在该单位工作期间违反国家有关建设工程质量管理规定，造成重大工程质量事故的，仍应当依法追究法律责任。

第九章 附 则

第七十八条 本条例所称肢解发包，是指建设单位将应当由一个承包单位完成的建设工程分解成若干部分发包给不同的承包单位的行为。

本条例所称违法分包，是指下列行为：

（一）总承包单位将建设工程分包给不具备相应资质条件的单位的；

（二）建设工程总承包合同中未有约定，又未经建设单位认可，承包单位将其承包的部分建设工程交由其他单位完成的；

（三）施工总承包单位将建设工程主体结构的施工分包给其他单位的；

（四）分包单位将其承包的建设工程再分包的。

本条例所称转包，是指承包单位承包建设工程后，不履行合同约定的责任和义务，将其承包的全部建设工程转给他人或者将其承包的全部建设工程肢解以后以分包的名义分别转给其他单位承包的行为。

第七十九条 本条例规定的罚款和没收的违法所得，必须全部上缴国库。

第八十条　抢险救灾及其他临时性房屋建筑和农民自建低层住宅的建设活动，不适用本条例。

第八十一条　军事建设工程的管理，按照中央军事委员会的有关规定执行。

第八十二条　本条例自发布之日起施行。

刑法有关条款

第一百三十七条 建设单位、设计单位、施工单位、工程监理单位违反国家规定，降低工程质量标准，造成重大安全事故的，对直接责任人员，处五年以下有期徒刑或者拘役，并处罚金；后果特别严重的，处五年以上十年以下有期徒刑，并处罚金。

建设工程抗震设防要求管理规定

（中国地震局令第 7 号）

（2002 年 1 月 16 日经中国地震局局务会议通过，自 2002 年 1 月 28 日起施行）

第一条 为了加强对新建、扩建、改建建设工程（以下简称建设工程）抗震设防要求的管理，防御与减轻地震灾害，保护人民生命和财产安全，根据《中华人民共和国防震减灾法》和《地震安全性评价管理条例》，制定本规定。

第二条 在中华人民共和国境内进行建设工程抗震设防要求的确定、使用和监督管理，必须遵守本规定。

本规定所称抗震设防要求，是指建设工程抗御地震破坏的准则和在一定风险水准下抗震设计采用的地震烈度或地震动参数。

第三条 国务院地震工作主管部门负责全国建设工程抗震设防要求的监督管理工作。

县级以上地方人民政府负责管理地震工作的部门或者机构，负责本行政区域内建设工程抗震设防要求的监督管理工作。

第四条 建设工程必须按照抗震设防要求进行抗震设防。

应当进行地震安全性评价的建设工程，其抗震设防要求必须按照地震安全性评价结果确定；其他建设工程的抗震设防要求按照国家颁布的地震动参数区划图或者地震动参数复核、地震小区划结果确定。

第五条 应当进行地震安全性评价的建设工程的建设单位，必须在项目可行性研究阶段，委托具有资质的单位进行地震安全性评价工作；并将地震安全性评价报告报送有关地震工作主管部门或者机构审定。

第六条 国务院地震工作主管部门和省、自治区、直辖市人民政府负责管理地震工作的部门或者机构，应当设立地震安全性评审组织。

地震安全性评审组织应当由 15 名以上地震行业及有关行业的技术、管理专家组成，其中技术专家不得少于二分之一。

第七条 国务院地震工作主管部门和省、自治区、直辖市人民政府负责管理地震工作的部门或者机构，应当委托本级地震安全性评审组织，对地震安全性评价报告进行评审。

地震安全性评审组织应当按照国家地震安全性评价的技术规范和其他有关技术规范，对地震安全性评价报告的基础资料、技术途径和评价结果等进行审查，形成评审意见。

第八条 国务院地震工作主管部门和省、自治区、直辖市人民政府负责管理地震工作的部门或者机构，应当根据地震安全性评审组织的评审意见，结合建设工程特性和其他综合因素，确定建设工程的抗震设防要求。

第九条 下列区域内建设工程的抗震设防要求不应直接采用地震动参数区划图结果，必须进行地震动参数复核：

（一）位于地震动峰值加速度区划图峰值加速度分区界线两侧各 4 公里区域的建设工程；

（二）位于某些地震研究程度和资料详细程度较差的边远地区的建设工程。

第十条 下列地区应当根据需要和可能开展地震小区划工作：

（一）地震重点监视防御区内的大中城市和地震重点监视防御城市；

（二）位于地震动参数 0.15 g 以上（含 0.15 g）的大中城市；

（三）位于复杂工程地质条件区域内的大中城市、大型厂矿企业、长距离生命线工程和新建开发区；

（四）其他需要开展地震小区划工作的地区。

第十一条 地震动参数复核和地震小区划工作必须由具有相应地震安全性评价资质的单位进行。

第十二条 地震动参数复核结果一般由省、自治区、直辖市人民政府负责管理地震工作的部门或者机构负责审定，结果变动显著的，报国务院地震工作主管部门审定；地震小区划结果，由国务院地震工作主管部门负责审定。

地震动参数复核和地震小区划结果的审定程序按照本规定第七条、第八条的规定执行。

省、自治区、直辖市人民政府负责管理地震工作的部门或者机构，应当将审定后的地震动参数复核结果报国务院地震工作主管部门备案。

第十三条 经过地震动参数复核或者地震小区划工作的区域内不需要进行地震安全性评价的建设工程，必须按照地震动参数复核或者地震小区划结果确定的抗震设防要求进行抗震设防。

第十四条 国务院地震工作主管部门和县级以上地方人民政府负责管理地震工作的部门或者机构，应当会同同级政府有关行业主管部门，加强对建设工程抗震设防要求使用的监督检查；确保建设工程按照抗震设防要求进行抗震设防。

第十五条 国务院地震工作主管部门和县级以上地方人民政

府负责管理地震工作的部门或者机构，应当按照地震动参数区划图规定的抗震设防要求，加强对村镇房屋建设抗震设防的指导，逐步增强村镇房屋抗御地震破坏的能力。

第十六条 国务院地震工作主管部门和县级以上地方人民政府负责管理地震工作的部门或者机构，应当加强对建设工程抗震设防的宣传教育，提高社会的防震减灾意识，增强社会防御地震灾害的能力。

第十七条 建设单位违反本规定第十三条的规定，由国务院地震工作主管部门或者县级以上地方人民政府负责管理地震工作的部门或者机构，责令改正，并处 5000 元以上 30000 元以下的罚款。

第十八条 本规定自公布之日起施行。

房屋建筑工程抗震设防管理规定

（建设部令第148号）

（2005年12月31日建设部第83次常务会议讨论通过，自2006年4月1日起施行）

第一条 为了加强对房屋建筑工程抗震设防的监督管理，保护人民生命和财产安全，根据《中华人民共和国防震减灾法》《中华人民共和国建筑法》《建设工程质量管理条例》《建设工程勘察设计管理条例》等法律、行政法规，制定本规定。

第二条 在抗震设防区从事房屋建筑工程抗震设防的有关活动，实施对房屋建筑工程抗震设防的监督管理，适用本规定。

第三条 房屋建筑工程的抗震设防，坚持预防为主的方针。

第四条 国务院建设主管部门负责全国房屋建筑工程抗震设防的监督管理工作。

县级以上地方人民政府建设主管部门负责本行政区域内房屋建筑工程抗震设防的监督管理工作。

第五条 国家鼓励采用先进的科学技术进行房屋建筑工程的抗震设防。

制定、修订工程建设标准时，应当及时将先进适用的抗震新技术、新材料和新结构体系纳入标准、规范，在房屋建筑工程中推广使用。

第六条 新建、扩建、改建的房屋建筑工程，应当按照国家有关规定和工程建设强制性标准进行抗震设防。

任何单位和个人不得降低抗震设防标准。

第七条 建设单位、勘察单位、设计单位、施工单位、工程监理单位，应当遵守有关房屋建筑工程抗震设防的法律、法规和工程建设强制性标准的规定，保证房屋建筑工程的抗震设防质量，依法承担相应责任。

第八条 城市房屋建筑工程的选址，应当符合城市总体规划中城市抗震防灾专业规划的要求；村庄、集镇建设的工程选址，应当符合村庄与集镇防灾专项规划和村庄与集镇建设规划中有关抗震防灾的要求。

第九条 采用可能影响房屋建筑工程抗震安全，又没有国家技术标准的新技术、新材料的，应当按照有关规定申请核准。申请时，应当说明是否适用于抗震设防区以及适用的抗震设防烈度范围。

第十条 《建筑工程抗震设防分类标准》中甲类和乙类建筑工程的初步设计文件应当有抗震设防专项内容。

超限高层建筑工程应当在初步设计阶段进行抗震设防专项审查。

新建、扩建、改建房屋建筑工程的抗震设计应当作为施工图审查的重要内容。

第十一条 产权人和使用人不得擅自变动或者破坏房屋建筑抗震构件、隔震装置、减震部件或者地震反应观测系统等抗震设施。

第十二条 已建成的下列房屋建筑工程，未采取抗震设防措施且未列入近期拆除改造计划的，应当委托具有相应设计资质的单位按现行抗震鉴定标准进行抗震鉴定：

（一）《建筑工程抗震设防分类标准》中甲类和乙类建筑工程；

（二）有重大文物价值和纪念意义的房屋建筑工程；

（三）地震重点监视防御区的房屋建筑工程。

鼓励其他未采取抗震设防措施且未列入近期拆除改造计划的房屋建筑工程产权人，委托具有相应设计资质的单位按现行抗震鉴定标准进行抗震鉴定。

经鉴定需加固的房屋建筑工程，应当在县级以上地方人民政府建设主管部门确定的限期内采取必要的抗震加固措施；未加固前应当限制使用。

第十三条　从事抗震鉴定的单位，应当遵守有关房屋建筑工程抗震设防的法律、法规和工程建设强制性标准的规定，保证房屋建筑工程的抗震鉴定质量，依法承担相应责任。

第十四条　对经鉴定需抗震加固的房屋建筑工程，产权人应当委托具有相应资质的设计、施工单位进行抗震加固设计与施工，并按国家规定办理相关手续。

抗震加固应当与城市近期建设规划、产权人的房屋维修计划相结合。经鉴定需抗震加固的房屋建筑工程在进行装修改造时，应当同时进行抗震加固。

有重大文物价值和纪念意义的房屋建筑工程的抗震加固，应当注意保持其原有风貌。

第十五条　房屋建筑工程的抗震鉴定、抗震加固费用，由产权人承担。

第十六条　已按工程建设标准进行抗震设计或抗震加固的房屋建筑工程在合理使用年限内，因各种人为因素使房屋建筑工程抗震能力受损的，或者因改变原设计使用性质，导致荷载增加或需提高抗震设防类别的，产权人应当委托有相应资质的单位进行抗震验算、修复或加固。需要进行工程检测的,应由委托具有相应资质的单位进行检测。

第十七条 破坏性地震发生后,当地人民政府建设主管部门应当组织对受损房屋建筑工程抗震性能的应急评估,并提出恢复重建方案。

第十八条 震后经应急评估需进行抗震鉴定的房屋建筑工程,应当按照抗震鉴定标准进行鉴定。经鉴定需修复或者抗震加固的,应当按照工程建设强制性标准进行修复或者抗震加固。需易地重建的,应当按照国家有关法律、法规的规定进行规划和建设。

第十九条 当发生地震的实际烈度大于现行地震动参数区划图对应的地震基本烈度时,震后修复或者建设的房屋建筑工程,应当以国家地震部门审定、发布的地震动参数复核结果,作为抗震设防的依据。

第二十条 县级以上地方人民政府建设主管部门应当加强对房屋建筑工程抗震设防质量的监督管理,并对本行政区域内房屋建筑工程执行抗震设防的法律、法规和工程建设强制性标准情况,定期进行监督检查。

县级以上地方人民政府建设主管部门应当对村镇建设抗震设防进行指导和监督。

第二十一条 县级以上地方人民政府建设主管部门应当对农民自建低层住宅抗震设防进行技术指导和技术服务,鼓励和指导其采取经济、合理、可靠的抗震措施。

地震重点监视防御区县级以上地方人民政府建设主管部门应当通过拍摄科普教育宣传片、发送农房抗震图集、建设抗震样板房、技术培训等多种方式,积极指导农民自建低层住宅进行抗震设防。

第二十二条 县级以上地方人民政府建设主管部门有权组织抗震设防检查,并采取下列措施:

(一)要求被检查的单位提供有关房屋建筑工程抗震的文件和资料;

(二)发现有影响房屋建筑工程抗震设防质量的问题时,责令改正。

第二十三条 地震发生后,县级以上地方人民政府建设主管部门应当组织专家,对破坏程度超出工程建设强制性标准允许范围的房屋建筑工程的破坏原因进行调查,并依法追究有关责任人的责任。

国务院建设主管部门应当根据地震调查情况,及时组织力量开展房屋建筑工程抗震科学研究,并对相关工程建设标准进行修订。

第二十四条 任何单位和个人对房屋建筑工程的抗震设防质量问题都有权检举和投诉。

第二十五条 违反本规定,擅自使用没有国家技术标准又未经审定通过的新技术、新材料,或者将不适用于抗震设防区的新技术、新材料用于抗震设防区,或者超出经审定的抗震烈度范围的,由县级以上地方人民政府建设主管部门责令限期改正,并处以1万元以上3万元以下罚款。

第二十六条 违反本规定,擅自变动或者破坏房屋建筑抗震构件、隔震装置、减震部件或者地震反应观测系统等抗震设施的,由县级以上地方人民政府建设主管部门责令限期改正,并对个人处以1000元以下罚款,对单位处以1万元以上3万元以下罚款。

第二十七条 违反本规定,未对抗震能力受损、荷载增加或者需提高抗震设防类别的房屋建筑工程,进行抗震验算、修复和加固的,由县级以上地方人民政府建设主管部门责令限期改正,逾期不改的，处以 1 万元以下罚款。

第二十八条 违反本规定，经鉴定需抗震加固的房屋建筑工程在进行装修改造时未进行抗震加固的，由县级以上地方人民政府建设主管部门责令限期改正，逾期不改的，处以 1 万元以下罚款。

第二十九条 本规定所称抗震设防区，是指地震基本烈度六度及六度以上地区（地震动峰值加速度≥0.05 g 的地区）。

本规定所称超限高层建筑工程，是指超出国家现行规范、规程所规定的适用高度和适用结构类型的高层建筑工程，体型特别不规则的高层建筑工程，以及有关规范、规程规定应当进行抗震专项审查的高层建筑工程。

第三十条 本规定自 2006 年 4 月 1 日起施行。

市政公用设施抗灾设防管理规定

（2008年9月18日住房和城乡建设部第20次常务会议审议通过，根据2015年1月22日《住房和城乡建设部关于修改〈市政公用设施抗灾设防管理规定〉等部门规章的决定》修正）

第一条 为了加强对市政公用设施抗灾设防的监督管理，提高市政公用设施的抗灾能力，保障市政公用设施的运行安全，保护人民生命财产安全，根据《中华人民共和国城乡规划法》《中华人民共和国防震减灾法》《中华人民共和国突发事件应对法》《建设工程质量管理条例》等法律、行政法规，制定本规定。

第二条 市政公用设施的抗灾设防，适用本规定。

本规定所称市政公用设施，是指规划区内的城市道路（含桥梁）、城市轨道交通、供水、排水、燃气、热力、园林绿化、环境卫生、道路照明等设施及附属设施。

本规定所称抗灾设防是指针对地震、台风、雨雪冰冻、暴雨、地质灾害等自然灾害所采取的工程和非工程措施。

第三条 市政公用设施抗灾设防实行预防为主、平灾结合的方针。

第四条 国务院住房和城乡住房城乡建设主管部门（以下简称国务院住房城乡建设主管部门）依法负责全国市政公用设施抗

灾设防的监督管理工作。

县级以上地方人民政府住房城乡建设主管部门依法负责本行政区域内市政公用设施抗灾设防的具体管理工作。

第五条 国务院住房城乡建设主管部门和省、自治区、直辖市人民政府住房城乡建设主管部门应当根据实际防灾要求，制定、修订有关工程建设标准，将市政公用设施的抗灾设防要求和先进、适用、成熟的技术措施纳入工程建设标准。

第六条 国家鼓励采用符合工程建设标准的先进技术方法和材料设备，进行市政公用设施的抗灾设计与施工。市政公用设施勘察、设计文件中规定采用的新技术、新材料，可能影响市政公用设施抗灾安全，又没有国家技术标准的，应当按照国家有关规定经检测和审定后，方可使用。

第七条 市政公用设施的建设单位、勘察单位、设计单位、施工单位、工程监理单位，市政公用设施的运营、养护单位以及从事市政公用设施抗灾抗震鉴定、工程检测活动的单位，应当遵守有关建设工程抗灾设防的法律、法规和技术标准，依法承担相应责任。

第八条 城乡规划中的防灾专项规划应当包括以下内容：

（一）在对规划区进行地质灾害危险性评估的基础上，对重大市政公用设施和可能发生严重次生灾害的市政公用设施，进行灾害及次生灾害风险、抗灾性能、功能失效影响和灾时保障能力评估，并制定相应的对策；

（二）根据各类灾害的发生概率、城镇规模以及市政公用设施的重要性、使用功能、修复难易程度、发生次生灾害的可能性等，提出市政公用设施布局、建设和改造的抗灾设防要求和主要措施；

（三）避开可能产生滑坡、塌陷、水淹危险或者周边有危险源的地带，充分考虑人们及时、就近避难的要求，利用广场、停车场、公园绿地等设立避难场所，配备应急供水、排水、供电、消防、通讯、交通等设施。

第九条　城乡规划中的市政公用设施专项规划应当满足下列要求：

（一）快速路、主干道以及对抗灾救灾有重要影响的道路应当与周边建筑和设施设置足够的间距，广场、停车场、公园绿地、城市轨道交通应当符合发生灾害时能尽快疏散人群和救灾的要求；

（二）水源、气源和热源设置，供水、燃气、热力干线的设计以及相应厂站的布置，应当满足抗灾和灾后迅速恢复供应的要求，符合防止和控制爆炸、火灾等次生灾害的要求，重要厂站应当配有自备电源和必要的应急储备；

（三）排水设施应当充分考虑下沉式立交桥下、地下工程和其他低洼地段的排水要求，防止次生洪涝灾害；

（四）生活垃圾集中处理和污水处理设施应当符合灾后恢复运营和预防二次污染的要求，环境卫生设施配置应当满足灾后垃圾清运的要求；

（五）法律、法规、规章规定的其他要求。

第十条　市政公用设施的选址和建设应当符合城乡规划以及防灾专项规划、市政公用设施各项专业规划和有关工程建设标准的要求。

位于抗震设防区、洪涝易发区或者地质灾害易发区内的市政公用设施的选址和建设还应当分别符合城市抗震防灾、洪涝防治和地质灾害防治等专项规划的要求。

第十一条　新建、改建和扩建市政公用设施应当按照有关工程建设标准进行抗灾设防。任何单位和个人不得擅自降低抗灾设防标准。

第十二条　新建、改建和扩建市政公用设施应当按照国家有关标准设置安全监测、健康监测、应急自动处置和防灾设施，并与主体工程同时设计、同时施工、同时投入使用。安全监测、健康监测、应急自动处置和防灾设施投资应当纳入建设项目预算。

第十三条 对重大市政公用设施和可能发生严重次生灾害的市政公用设施进行可行性研究时，建设单位应当组织专家对工程选址和设计方案进行抗灾设防专项论证。

第十四条 对抗震设防区的下列市政公用设施，建设单位应当在初步设计阶段组织专家进行抗震专项论证：

（一）属于《建筑工程抗震设防分类标准》中特殊设防类、重点设防类的市政公用设施；

（二）结构复杂或者采用隔震减震措施的大型城镇桥梁和城市轨道交通桥梁，直接作为地面建筑或者桥梁基础以及处于可能液化或者软粘土层的隧道；

（三）超过一万平方米的地下停车场等地下工程设施；

（四）震后可能发生严重次生灾害的共同沟工程、污水集中处理设施和生活垃圾集中处理设施；

（五）超出现行工程建设标准适用范围的市政公用设施。

国家或者地方对抗震设防区的市政公用设施还有其他规定的，还应当符合其规定。

第十五条 市政公用设施抗震专项论证的内容包括：市政公用设施的抗震设防类别、抗震设防烈度及设计地震动参数的采用、场地类型和场地抗震性能、抗震概念设计、抗震计算、抗震及防止次生灾害措施、基础抗震性能等。对有特殊要求的工程，还应当论证其地震应急处置方案和健康监测方案设计。

第十六条 建设单位组织抗震专项论证时，应当有三名以上国家或者工程所在地的省、自治区、直辖市市政公用设施抗震专项论证专家库成员参加。

国家或者省、自治区、直辖市的市政公用设施抗震专项论证专家库成员分别由国务院住房城乡建设主管部门和省、自治区、直辖市人民政府住房城乡建设主管部门公布。

第十七条　对风荷载起控制作用的城镇桥梁和城市轨道交通桥梁等市政公用设施，建设单位应当在初步设计阶段组织专家进行抗风专项论证。

第十八条　施工图审查机构在进行施工图审查时，应当审查市政公用设施抗灾设防内容。

对应当进行抗灾设防专项论证、抗震专项论证、抗风专项论证的市政公用设施，建设单位应当在提交施工图的同时将专项论证意见送施工图审查机构。

对应当进行而未进行抗灾设防专项论证、抗震专项论证、抗风专项论证的市政公用设施，或者进行了抗灾设防专项论证、抗震专项论证、抗风专项论证的市政公用设施，其设计图纸未执行专项论证意见的，施工图审查结论为不合格。

第十九条　建设单位应当针对市政公用设施建设期间的防灾薄弱环节，组织制定技术措施和应急预案，并组织实施。

第二十条　市政公用设施的运营、养护单位应当定期对市政公用设施进行维护、检查和更新，确保市政公用设施的抗灾能力。

市政公用设施的运营、养护单位应当加强对重大市政公用设施、可能发生严重次生灾害的市政公用设施的关键部位和关键设备的安全监测、健康监测工作，定期对土建工程和运营设施的抗灾性能进行评价，并制定相应的技术措施。

市政公用设施的运营、养护单位应当保存有关市政公用设施抗灾设防资料和维护、检查、监测、评价、鉴定、修复、加固、更新、拆除等记录，建立信息系统，实行动态管理，并及时将有关资料报城建档案管理机构备案。

第二十一条　任何单位和个人不得擅自变动或者破坏市政公

用设施的防灾设施、抗震抗风构件、隔震或者振动控制装置、安全监测系统、健康监测系统、应急自动处置系统以及地震反应观测系统等设施。

第二十二条 市政公用设施的运营、养护单位应当按照工程建设标准和应急措施，设置安全报警、监控电视、漏电报警、燃气等易燃易爆气体和有毒有害气体报警、防汛、消防、逃生、紧急疏散照明、应急发电、应急通讯、救援等器材和设备，定期维护、检查、更新，并保持正常运行。

第二十三条 市政公用设施超出合理使用年限，或者在合理使用年限内，但因环境、人为等各种因素抗灾能力受损的，市政公用设施的运营、养护单位应当委托具有相应资质的单位进行检测评估，需要进行修复或者加固的，应当委托具有相应资质的单位进行修复或者加固。

第二十四条 抗震设防区内已建成的下列市政公用设施，原设计未采取抗震设防措施且未列入近期改造、改建、拆除计划的，市政公用设施的产权单位应当委托具有相应设计资质的单位按照抗震鉴定标准进行抗震鉴定：

（一）属于《建筑工程抗震设防分类标准》中特殊设防类、重点设防类的城镇桥梁，城市轨道交通，燃气、供水、排水、热力设施；

（二）第（一）项之外的其他重大市政公用设施和可能发生严重次生灾害的市政公用设施；

（三）有重大文物价值和纪念意义的市政公用设施；

（四）地震重点监视防御区内的市政公用设施。

经鉴定不符合抗震要求的市政公用设施应当进行改造、改建，或者由具有相应资质的设计、施工单位按照有关工程建设标准依法进行抗震加固设计与施工；未进行改造、改建或者加固前，应当限制使用。

第二十五条　县级以上地方人民政府住房城乡建设主管部门应当根据当地实际情况，制定自然灾害应急预案并组织实施。

市政公用设施的运营、养护单位应当根据市政公用设施的具体情况，制定自然灾害应急预案，建立应急抢险和救援队伍，配备抢险、救援器材设备，并定期组织演练。定期演练每年不得少于一次。

第二十六条　灾害发生时，县级以上地方人民政府住房城乡建设主管部门以及市政公用设施的运营、养护单位应当按照相应的应急预案及时组织应对响应。

第二十七条　灾害发生后，县级以上地方人民政府住房城乡建设主管部门应当组织工程技术人员对受灾的市政公用设施进行应急评估，并及时将市政公用设施因灾直接经济损失情况报上级住房城乡建设主管部门以及同级人民政府民政主管部门。

经应急评估需进行抗灾鉴定的市政公用设施，其运营、养护单位应当委托具有相应资质的单位，按照国家有关工程建设标准进行鉴定。经鉴定需修复、加固或者重建的，应当按照工程建设标准进行修复、加固或者重建。

经应急评估可继续使用的市政公用设施，其运营、养护单位应当进行安全性检查，经检查合格后，方可恢复运营、使用。

第二十八条　自然灾害发生后，县级以上地方人民政府住房城乡建设主管部门应当组织专家，对破坏程度超出工程建设标准允许范围的市政公用设施进行调查分析，对因违反工程建设强制性标准造成破坏的，依法追究有关责任人的责任。

第二十九条　灾区人民政府住房城乡建设主管部门进行恢复重建时，应当坚持基础设施先行的原则。

需易地重建的市政公用设施，应当按照国家有关法律、法规的规定进行规划和建设。

地震后修复或者建设市政公用设施，应当以国家地震部门审定、发布的地震动参数复核结果，作为抗震设防的依据。

当发生超过当地设防标准的其他自然灾害时，灾后修复或者建设的市政公用设施，应当以国家相关灾害预测、预报部门公布的灾害发生概率，作为抗灾设防的依据。

第三十条 县级以上地方人民政府住房城乡建设主管部门应当加强对市政公用设施抗灾设防质量的监督管理，并对本行政区域内市政公用设施执行抗灾设防的法律、法规和工程建设强制性标准情况，定期进行监督检查，并可以采取下列措施：

（一）要求被检查的单位提供有关市政公用设施抗灾设防的文件和资料；

（二）发现有影响市政公用设施抗灾设防质量的问题时，责令相关责任人委托具有资质的专业机构进行必要的检测、鉴定，并提出整改措施。

第三十一条 违反本规定，擅自使用没有国家技术标准又未经审定的新技术、新材料的，由县级以上地方人民政府住房城乡建设主管部门责令限期改正，并处以1万元以上3万元以下罚款。

第三十二条 违反本规定，擅自变动或者破坏市政公用设施的防灾设施、抗震抗风构件、隔震或者振动控制装置、安全监测系统、健康监测系统、应急自动处置系统以及地震反应观测系统等设施的，由县级以上地方人民政府住房城乡建设主管部门责令限期改正，并对个人处以1000元以下罚款，对单位处以1万元以上3万元以下罚款。

第三十三条 违反本规定，未对经鉴定不符合抗震要求的市政公用设施进行改造、改建或者抗震加固，又未限制使用的，由县级以上地方人民政府住房城乡建设主管部门责令限期改正，逾期不改的，处以1万元以上3万元以下罚款。

第三十四条 本规定所称重大市政公用设施，包括快速路、主干道、对抗灾救灾有重要影响的城镇道路上的大型桥梁（含大型高架桥、立交桥）、隧道工程、城市广场、防灾公园绿地，公共地下停车场工程、城市轨道交通工程、城镇水源工程、水厂、供水排水主干管、高压和次高压城镇燃气热力枢纽工程、城镇燃气热力管道主干管、城镇排水工程、大型污水处理中心、大型垃圾处理设施等。

本规定所称可能发生严重次生灾害的市政公用设施，是指遭受破坏后可能引发强烈爆炸或者大面积的火灾、污染、水淹等情况的市政公用设施。

本规定所称抗震设防区，是指地震基本烈度六度及六度以上地区（地震动峰值加速度≥0.05g 的地区）。

第三十五条 本规定自 2008 年 12 月 1 日起施行，建设部 1994 年 11 月 10 日发布的《建设工程抗御地震灾害管理规定》（建设部令第 38 号）同时废止。

城市抗震防灾规划管理规定

（中华人民共和国建设部令第 117 号）

（2003 年 7 月 1 日经第 11 次部常务会议讨论通过，自 2003 年 11 月 1 日起施行。2011 年 1 月 26 日依据《住房和城乡建设部关于废止和修改部分规章的决定》修改）

第一条 为了提高城市的综合抗震防灾能力，减轻地震灾害，根据《中华人民共和国城乡规划法》《中华人民共和国防震减灾法》等有关法律、法规，制定本规定。

第二条 在抗震设防区的城市，编制与实施城市抗震防灾规划，必须遵守本规定。

本规定所称抗震设防区，是指地震基本烈度六度及六度以上地区（地震动峰值加速度≥0.05 g 的地区）。

第三条 城市抗震防灾规划是城市总体规划中的专业规划。在抗震设防区的城市，编制城市总体规划时必须包括城市抗震防灾规划。城市抗震防灾规划的规划范围应当与城市总体规划相一致，并与城市总体规划同步实施。

城市总体规划与防震减灾规划应当相互协调。

第四条 城市抗震规划的编制要贯彻“预防为主，防、抗、避、救相结合”的方针，结合实际、因地制宜、突出重点。

第五条 国务院建设行政主管部门负责全国的城市抗震防灾规划综合管理工作。

省、自治区人民政府建设行政主管部门负责本行政区域内的城市抗震防灾规划的管理工作。

直辖市、市、县人民政府城乡规划行政主管部门会同有关部门组织编制本行政区域内的城市抗震防灾规划，并监督实施。

第六条 编制城市抗震防灾规划应当对城市抗震防灾有关的城市建设、地震地质、工程地质、水文地质、地形地貌、土层分布及地震活动性等情况进行深入调查研究，取得准确的基础资料。

有关单位应当依法为编制城市抗震防灾规划提供必需的资料。

第七条 编制和实施城市抗震防灾规划应当符合有关的标准和技术规范，应当采用先进技术方法和手段。

第八条 城市抗震防灾规划编制应当达到下列基本目标：

（一）当遭受多遇地震时，城市一般功能正常；

（二）当遭受相当于抗震设防烈度的地震时，城市一般功能及生命线系统基本正常，重要工矿企业能正常或者很快恢复生产；

（三）当遭受罕遇地震时，城市功能不瘫痪，要害系统和生命线工程不遭受严重破坏，不发生严重的次生灾害。

第九条 城市抗震防灾规划应当包括下列内容：

（一）地震的危害程度估计，城市抗震防灾现状、易损性分析和防灾能力评价，不同强度地震下的震害预测等。

（二）城市抗震防灾规划目标、抗震设防标准。

（三）建设用地评价与要求：

1. 城市抗震环境综合评价，包括发震断裂、地震场地破坏效应的评价等；

2. 抗震设防区划，包括场地适宜性分区和危险地段、不利地段的确定，提出用地布局要求；

3. 各类用地上工程设施建设的抗震性能要求。

(四)抗震防灾措施：

1. 市、区级避震通道及避震疏散场地(如绿地、广场等)和避难中心的设置与人员疏散的措施；

2. 城市基础设施的规划建设要求：城市交通、通讯、给排水、燃气、电力、热力等生命线系统，及消防、供油网络、医疗等重要设施的规划布局要求；

3. 防止地震次生灾害要求：对地震可能引起水灾、火灾、爆炸、放射性辐射、有毒物质扩散或者蔓延等次生灾害的防灾对策；

4. 重要建(构)筑物、超高建(构)筑物、人员密集的教育、文化、体育等设施的布局、间距和外部通道要求；

5. 其他措施。

第十条 城市抗震防灾规划中的抗震设防标准、建设用地评价与要求、抗震防灾措施应当列为城市总体规划的强制性内容，作为编制城市详细规划的依据。

第十一条 城市抗震防灾规划应当按照城市规模、重要性和抗震防灾的要求，分为甲、乙、丙三种模式：

(一)位于地震基本烈度七度及七度以上地区(地震动峰值加速度≥0.10 g 的地区)的大城市应当按照甲类模式编制；

(二)中等城市和位于地震基本烈度六度地区(地震动峰值加速度等于 0.05 g 的地区)的大城市按照乙类模式编制；

(三)其他在抗震设防区的城市按照丙类模式编制。

甲、乙、丙类模式抗震防灾规划的编制深度应当按照有关的技术规定执行。规划成果应当包括文本、说明、有关图纸和软件。

第十二条 抗震防灾规划应当由省、自治区建设行政主管部门或者直辖市城乡规划行政主管部门组织专家评审,进行技术审查。专家评审委员会的组成应当包括规划、勘察、抗震等方面的专家和省级地震主管部门的专家。甲、乙类模式抗震防灾规划评审时应当有三名以上建设部全国城市抗震防灾规划审查委员会成员参加。全国城市抗震防灾规划审查委员会委员由国务院建设行政主管部门聘任。

第十三条 经过技术审查的抗震防灾规划应当作为城市总体规划的组成部分,按照法定程序审批。

第十四条 批准后抗震防灾规划应当公布。

第十五条 城市抗震防灾规划应当根据城市发展和科学技术水平等各种因素的变化,与城市总体规划同步修订。对城市抗震防灾规划进行局部修订,涉及修改总体规划强制性内容的,应当按照原规划的审批要求评审和报批。

第十六条 抗震设防区城市的各项建设必须符合城市抗震防灾规划的要求。

第十七条 在城市抗震防灾规划所确定的危险地段不得进行新的开发建设,已建的应当限期拆除或者停止使用。

第十八条 重大建设工程和各类生命线工程的选址与建设应当避开不利地段,并采取有效的抗震措施。

第十九条 地震时可能发生严重次生灾害的工程不得建在城市人口稠密地区,已建的应当逐步迁出;正在使用的,迁出前应当采取必要的抗震防灾措施。

第二十条 任何单位和个人不得在抗震防灾规划确定的避震疏散场地和避震通道上搭建临时性建(构)筑物或者堆放物资。

重要建(构)筑物、超高建(构)筑物、人员密集的教育、文化、体育等设施的外部通道及间距应当满足抗震防灾的原则要求。

第二十一条 直辖市、市、县人民政府城乡规划行政主管部门应当建立举报投诉制度，接受社会和舆论的监督。

第二十二条 省、自治区人民政府建设行政主管部门应当定期对本行政区域内的城市抗震防灾规划的实施情况进行监督检查。

第二十三条 任何单位和个人从事建设活动违反城市抗震防灾规划的，按照《中华人民共和国城乡规划法》等有关法律、法规和规章的有关规定处罚。

第二十四条 本规定自 2003 年 11 月 1 日起施行。本规定颁布前，城市抗震防灾规划管理规定与本规定不一致的，以本规定为准。

超限高层建筑工程抗震设防管理规定

（中华人民共和国建设部令第11号）

（2002年7月11日建设部第61次常务会议审议通过，自2002年9月1日起施行）

第一条 为了加强超限高层建筑工程的抗震设防管理，提高超限高层建筑工程抗震设计的可靠性和安全性，保证超限高层建筑工程抗震设防的质量，根据《中华人民共和国建筑法》《中华人民共和国防震减灾法》《建设工程质量管理条例》《建设工程勘察设计管理条例》等法律、法规，制定本规定。

第二条 本规定适用于抗震设防区内超限高层建筑工程的抗震设防管理。

本规定所称超限高层建筑工程，是指超出国家现行规范、规程所规定的适用高度和适用结构类型的高层建筑工程，体型特别不规则的高层建筑工程，以及有关规范、规程规定应当进行抗震专项审查的高层建筑工程。

第三条 国务院建设行政主管部门负责全国超限高层建筑工程抗震设防的管理工作。

省、自治区、直辖市人民政府建设行政主管部门负责本行政区内超限高层建筑工程抗震设防的管理工作。

第四条 超限高层建筑工程的抗震设防应当采取有效的抗震措施,确保超限高层建筑工程达到规范规定的抗震设防目标。

第五条 在抗震设防区内进行超限高层建筑工程的建设时,建设单位应当在初步设计阶段向工程所在地的省、自治区、直辖市人民政府建设行政主管部门提出专项报告。

第六条 超限高层建筑工程所在地的省、自治区、直辖市人民政府建设行政主管部门,负责组织省、自治区、直辖市超限高层建筑工程抗震设防专家委员会对超限高层建筑工程进行抗震设防专项审查。

审查难度大或审查意见难以统一的,工程所在地的省、自治区、直辖市人民政府建设行政主管部门可请全国超限高层建筑工程抗震设防专家委员会提出专项审查意见,并报国务院建设行政主管部门备案。

第七条 全国和省、自治区、直辖市的超限高层建筑工程抗震设防审查专家委员会委员分别由国务院建设行政主管部门和省、自治区、直辖市人民政府建设行政主管部门聘任。

超限高层建筑工程抗震设防专家委员会应当由长期从事并精通高层建筑工程抗震的勘察、设计、科研、教学和管理专家组成,并对抗震设防专项审查意见承担相应的审查责任。

第八条 超限高层建筑工程的抗震设防专项审查内容包括:建筑的抗震设防分类、抗震设防烈度(或者设计地震动参数)、场地抗震性能评价、抗震概念设计、主要结构布置、建筑与结构的协调、使用的计算程序、结构计算结果、地基基础和上部结构抗震性能评估等。

第九条 建设单位申报超限高层建筑工程的抗震设防专项审查时,应当提供以下材料:

(一)超限高层建筑工程抗震设防专项审查表;

（二）设计的主要内容、技术依据、可行性论证及主要抗震措施；

（三）工程勘察报告；

（四）结构设计计算的主要结果；

（五）结构抗震薄弱部位的分析和相应措施；

（六）初步设计文件；

（七）设计时参照使用的国外有关抗震设计标准、工程和震害资料及计算机程序；

（八）对要求进行模型抗震性能试验研究的，应当提供抗震试验研究报告。

第十条 建设行政主管部门应当自接到抗震设防专项审查全部申报材料之日起25日内，组织专家委员会提出书面审查意见，并将审查结果通知建设单位。

第十一条 超限高层建筑工程抗震设防专项审查费用由建设单位承担。

第十二条 超限高层建筑工程的勘察、设计、施工、监理，应当由具备甲级（一级及以上）资质的勘察、设计、施工和工程监理单位承担，其中建筑设计和结构设计应当分别由具有高层建筑设计经验的一级注册建筑师和一级注册结构工程师承担。

第十三条 建设单位、勘察单位、设计单位应当严格按照抗震设防专项审查意见进行超限高层建筑工程的勘察、设计。

第十四条 未经超限高层建筑工程抗震设防专项审查，建设行政主管部门和其他有关部门不得对超限高层建筑工程施工图设计文件进行审查。

超限高层建筑工程的施工图设计文件审查应当由经国务院建设行政主管部门认定的具有超限高层建筑工程审查资格的施工图设计文件审查机构承担。

施工图设计文件审查时应当检查设计图纸是否执行了抗震设防专项审查意见;未执行专项审查意见的,施工图设计文件审查不能通过。

第十五条 建设单位、施工单位、工程监理单位应当严格按照经抗震设防专项审查和施工图设计文件审查的勘察设计文件进行超限高层建筑工程的抗震设防和采取抗震措施。

第十六条 对国家现行规范要求设置建筑结构地震反应观测系统的超限高层建筑工程,建设单位应当按照规范要求设置地震反应观测系统。

第十七条 建设单位违反本规定,施工图设计文件未经审查或者审查不合格,擅自施工的,责令改正,处以 20 万元以上 50 万元以下的罚款。

第十八条 勘察、设计单位违反本规定,未按照抗震设防专项审查意见进行超限高层建筑工程勘察、设计的,责令改正,处以 1 万元以上 3 万元以下的罚款;造成损失的,依法承担赔偿责任。

第十九条 国家机关工作人员在超限高层建筑工程抗震设防管理工作中玩忽职守,滥用职权,徇私舞弊,构成犯罪的,依法追究刑事责任;尚不构成犯罪的,依法给予行政处分。

第二十条 省、自治区、直辖市人民政府建设行政主管部门,可结合本地区的具体情况制定实施细则,并报国务院建设行政主管部门备案。

第二十一条 本规定自 2002 年 9 月 1 日起施行。1997 年 12 月 23 日建设部颁布的《超限高层建筑工程抗震设防管理暂行规定》(建设部令第 59 号)同时废止。

山东省人民政府关于提请审议《山东省建设工程抗震设防条例(草案)》的议案

省人大常委会:

为了加强建设工程抗震设防管理,提高建设工程抗震性能,减轻地震灾害损失,保护人民生命和财产安全,根据《中华人民共和国防震减灾法》和国务院《建设工程质量管理条例》等法律、行政法规,结合我省实际,省法制办会同省地震局、省住房城乡建设厅起草了《山东省建设工程抗震设防条例(草案)》。该《条例(草案)》业经省政府第106次常务会研究通过,现提请省十二届人大常委会第三十一次会议审议。

省长　龚正

2017年7月18日

关于《山东省建设工程抗震设防条例（草案）》的说明

（2017 年 7 月 24 日山东省第十二届人民代表大会常务委员会第三十一次会议）

主任、各位副主任、秘书长、各位委员：

我受省人民政府的委托，现就《山东省建设工程抗震设防条例（草案）》（以下简称《条例草案》），作如下说明：

一、立法的必要性。

我省是地震灾害多发省份之一，境内郯庐、聊考两大断裂带纵贯南北，燕山—渤海地震带在半岛北部沿海通过，南黄海构造带沿半岛东南近海海域分布，全省约 28.7％的国土面积和 48.3％的人口处于全国地震重点监视防御区和省级地震重点监视防御区，潜在地震灾害风险巨大。新版《中国地震动参数区划图》中，我省有 796 个乡镇（街道）驻地的地震烈度有所提高，占全省乡镇（街道）总数的 44％，抗震防灾形势严峻。随着经济社会的快速发展，我省建设工程抗震设防能力和水平较以往有了大幅提高，但还存在着一些问题，难以适应当前建设工程抗震设防管理工作需要，主要表现在：（一）因宣传工作不到位，社会各界对建设工程抗震设防工作的重要性普遍认识不足；（二）多年来，国家工程建设在项目规划与选址方面考虑抗震设防问题不够；（三）城市老旧建筑抗震性能差;(四)农村自建房屋普遍不设防;(五)铁路、公路、水利、电力、通信、化工、核电等建设工程应对破坏性地震经验不足,抗震设防工作不到位;(六)既有建筑物抗震加固改造还没有建立起完善的制度,缺乏有效监管机制。因此,尽快制定一部符合我省建设工程抗震设防实际的地方性法规十分必要。

二、《条例草案》的起草过程。

多年来,省委、省人大、省政府领导始终关注并高度重视建设工程抗震工作;有关领导多次作出批示,明确要求尽快推进建设工程抗震设防地方立法工作。按照省政府领导的要求,省地震局和省住房城乡建设厅于2016年5月分别成立了起草小组,着手《条例草案》的调研起草工作。去年年底,该条例被列为省人大、省政府2017年立法工作计划一类项目。考虑到该立法项目涉及面广且专业技术性强,省政府领导明确由省法制办牵头、省地震局和省住房城乡建设厅共同起草。部门联合起草法规规章草案,这在我省政府立法工作中尚属首次。2017年2月,省法制办邀请省人大法工委提前介入,与省地震局、省住房城乡建设厅共同组成联合起草小组,在两部门去年调研、论证并分别完成草案初稿的基础上,共同研究起草完成了《条例草案》征求意见稿;3月初,两部门将征求意见稿分别发送全省地震和住房城乡建设系统以及相关专家征求意见;4月,根据各地反馈的意见和建议,联合起草小组对《条例草案》进行修改完善,形成了《条例草案》会签稿,经省地震局、省住房城乡建设厅领导研究同意后,分别送请省发展改革委、经济和信息化委、财政厅、国土资源厅、交通运输厅等23个部门和单位进行会签。期间,省法制办发17市人民政府征求意见,并通过网络向社会公开征求意见;6月初,省法制办会同省人大法工委和两部门,在认真研究各部门和单位会签意见,并充分吸收17市政府和社会各界建议的基础上,对《条例草案》进行了全面审查修改。

2017 年 7 月 14 日，经省政府第 106 次常务会议讨论通过，形成了提请本次会议审议的《条例草案》。

三、需要说明的几个主要问题。

（一）关于建设工程抗震设防工作的管理体制。建设工程抗震设防工作专业技术性强、涉及部门多，实际工作中，仅靠各部门单打独斗很难做好这项工作，必须理顺体制，明确责任，形成合力。为此，《条例草案》对相关部门和单位的职责权限作出了全面规范，明确地震部门负责建设工程抗震设防要求的监督管理工作；住房城乡建设部门负责房屋建筑和市政工程抗震设防的监督管理工作；经济和信息化、交通运输、水利、电力、通信、铁路、民航等行业主管部门和单位按照职责分工，负责相关专业建设工程抗震设防的监督管理工作。

（二）关于抗震设防要求。抗震设防要求的确定依据，主要包括中国地震动参数区划图、地震小区划图和地震安全性评价结果以及建设工程的性质、结构特点等因素。根据新版《中国地震动参数区划图》以及国家和省有关提高抗震设防标准的要求，《条例草案》明确全省建设工程抗震设防要求应当按照不低于地震烈度七度确定。该规定消除了我省六度以下抗震设防区域，符合国家提出的“经济发达地区应适当提高抗震设防要求标准”的要求，体现了以人为本和安全发展的执政理念。

（三）关于抗震防灾规划。抗震防灾规划是提高建设工程综合抗震能力的有力保障。《条例草案》明确规定城市、县城总体规划应当包括城市、县城抗震防灾规划，并进一步明确了城市、县城抗震防灾规划的范围、编制主体等内容。同时，考虑到大型工矿、电力企业是国民经济支柱产业，也是城市生命线工程的重要组成部分，《条例草案》第十六条明确要求上述企业以及易发生次生灾害的生产企业，应当编制本企业的抗震防灾规划。

（四）关于抗震设防专项审查。防震减灾工作以预防为主，抗震设计是关键。为确保特殊形式、特殊性质的建设工程抗震安全，应当对其采取更为严格的抗震设防管理制度。为此，我们借鉴2010年修订出台的《山东省建设工程勘察设计管理条例》的规定，在《条例草案》第三章中创设了建设工程抗震设防专项审查制度。一方面，明确了对超出国家标准规范的超限建筑工程进行抗震设防专项审查；另一方面，将学校、幼儿园、医院、养老院等人员密集场所列入了抗震设防专项审查范围。

（五）关于乡村建设工程抗震设防。长期以来，我省农村住房抗震设防管理相对薄弱，农民抗震防灾意识不强，乡村建设工程未采取抗震设防措施的现象较为普遍。为此，《条例草案》按照国家和省有关规定精神，对乡村建设工程抗震设防进行了规范，明确了乡村建设工程的技术指导、监督管理和乡村规划建设监督管理机构的工作职责等内容。

（六）关于既有建设工程抗震鉴定和加固。当前，部分既有建设工程因日常维护不到位或者建设年代久远等原因，存在着严重的安全隐患，比如部分城市出现的“楼倒倒”“楼歪歪”现象，严重威胁人民群众生命财产安全，开展既有建设工程的抗震鉴定和加固很有必要。《条例草案》对既有建设工程抗震安全排查、抗震鉴定、加固设计和施工作了具体规定，明确了政府及相关主管部门、工程所有权人或者管理单位相应的责任和义务，对既有建设工程的抗震鉴定和加固工作进行了规范。

以上说明，连同《条例草案》，请一并予以审议。

山东省人民政府法制办公室主任　孟富强

2017年7月24日

后 记

为了帮助有关部门和同志更好地学习、理解、掌握《山东省建设工程抗震设防条例》，我们组织参与条例起草的同志集体编写了这本释义，对条例的重要原则和各项规定做出了阐释，希望能为广大读者准确理解条例提供帮助。

释义的编写得到了山东省人民代表大会常务委员会法制工作委员会和省司法厅的大力支持。释义编写期间，正逢党和国家机关机构改革，一直参与条例编写起草的原省地震局局长晁洪太、原省住房和城乡建设厅副厅长李兴军、原省人大常委会法制工作委员会主任委员周杰和原省政府法制办副主任李春田都到新岗位履职，在此一并对他们的大力支持和悉心指导表示感谢。

由于时间紧，加之缺乏经验，能力有限，本书难免有错误和不足之处，敬请读者批评指正。

编委会

2019 年 12 月